GW00763282

Rois et Reines
de France

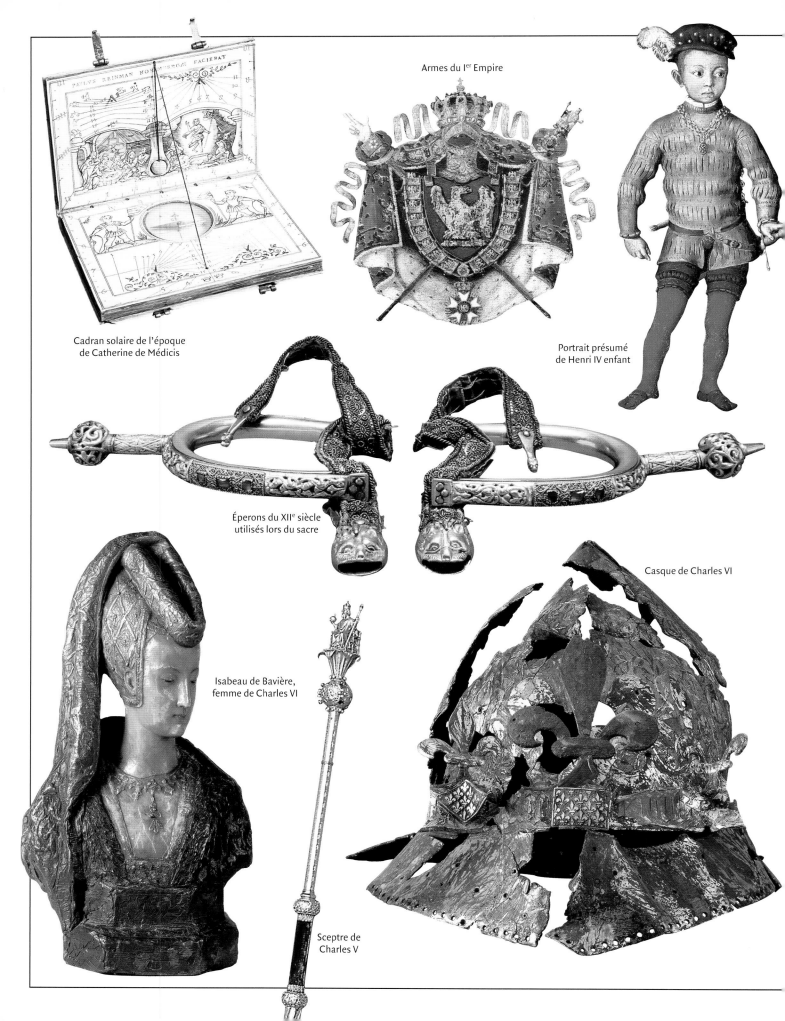

Cadran solaire de l'époque
de Catherine de Médicis

Armes du Iᵉʳ Empire

Portrait présumé
de Henri IV enfant

Éperons du XIIᵉ siècle
utilisés lors du sacre

Casque de Charles VI

Isabeau de Bavière,
femme de Charles VI

Sceptre de
Charles V

Rois et Reines
de France

par

JEAN-MICHEL BILLIOUD

Olifant

GALLIMARD JEUNESSE

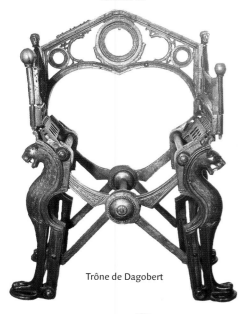

Aliénor d'Aquitaine
et Louis VII

Trône de Dagobert

Henri IV et Sully

L'édit de Nantes (1598)

COMMENT ACCÉDER
AU SITE INTERNET DU LIVRE

1 - SE CONNECTER
Tapez l'adresse du site dans votre navigateur puis
laissez-vous guider jusqu'au livre qui vous intéresse :
http://www.decouvertes-gallimard-jeunesse.fr/9+

**2 - CHOISIR UN MOT CLÉ DANS LE LIVRE
ET LE SAISIR SUR LE SITE**
Vous ne pouvez utiliser que les mots clés du livre (inscrits
dans les puces grises) pour faire une recherche.

3 - CLIQUEZ SUR LE LIEN CHOISI
Pour chaque mot clé du livre, une sélection de liens
Internet vous est proposée par notre site.

4 - TÉLÉCHARGER DES IMAGES
Une galerie de photos est accessible sur notre site pour
ce livre. Vous pouvez y télécharger des images libres
de droits pour un usage personnel et non commercial.

IMPORTANT :
• Demandez toujours la permission à un adulte avant
de vous connecter au réseau Internet.
• Ne donnez jamais d'informations sur vous.
• Ne donnez jamais rendez-vous à quelqu'un que vous
avez rencontré sur Internet.
• Si un site vous demande de vous inscrire avec votre
nom et votre adresse e-mail, demandez d'abord la permission à un adulte.
• Ne répondez jamais aux messages d'un inconnu,
parlez-en à un adulte.

NOTE AUX PARENTS : Gallimard Jeunesse vérifie et
met à jour régulièrement les liens sélectionnés, leur
contenu peut cependant changer. Gallimard Jeunesse ne
peut être tenu pour responsable que du contenu de son
propre site. Nous recommandons que les enfants utilisent Internet en présence d'un adulte, ne fréquentent pas
les *chats* et utilisent un ordinateur équipé d'un filtre pour
éviter les sites non recommandables.

Collection créée par Peter Kindersley et Pierre Marchand
ISBN 978-2-07-061378-6
La conception de cette collection est le fruit
d'une collaboration entre Dorling Kindersley
et les Éditions Gallimard
Copyright © 2005-2007 Éditions Gallimard Jeunesse, Paris
Loi n° 49-956 du 16 juillet 1949
sur les publications destinées à la jeunesse
Dépôt légal : octobre 2007
Numéro d'édition : 150639
Photogravure : IGS (16), France
Imprimé en Italie
par Zanardi Groupe

Chevaliers peints sur un coffre
de mariage (XIIᵉ siècle)

Main de
justice royale

Médaille à l'effigie de Louis XVI

SOMMAIRE

Abbaye de Saint-Denis

UN RÈGNE DE QUATORZE SIÈCLES

De Clovis à Louis-Philippe, la France a connu plus de 60 souverains investis des mêmes missions sacrées. Imprécises à l'époque des Mérovingiens et des Carolingiens, elles s'imposent au temps des Capétiens et légitiment la puissance royale. Justicier, le roi arbitre les conflits pour maintenir la paix. Guerrier, il protège les intérêts de son peuple. Lieutenant de Dieu, il défend l'Église dans son royaume et au-delà. Ces grands principes sont symbolisés par les serments que le roi prononce, les attributs qui lui sont offerts et les onctions qu'il reçoit lors du sacre. Signe éclatant de l'origine divine du pouvoir royal, cette cérémonie prend de plus en plus d'importance au fil des siècles.

L'ACCUEIL DANS LA CATHÉDRALE

Cette miniature est issue d'un manuscrit du XIIIᵉ siècle qui présente et explique les scènes majeures du sacre. Arrivés à Reims quelques jours avant le sacre, le roi et sa suite s'installent dans le palais de l'archevêque. Après une veillée de prières, il est accueilli dans la cathédrale de Reims. C'est la première étape d'une cérémonie codifiée plusieurs fois à partir du Xᵉ siècle dans des livres du sacre conservés à l'abbaye de Saint-Denis et apportés à Reims pour organiser la journée.

Le pommeau (Xᵉ siècle) représente deux oiseaux face à face.

L'ÉPÉE

Faussement attribuée à Charlemagne, cette épée surnommée «Joyeuse» symbolise la puissance militaire du roi. Sa première apparition remonte au sacre de Philippe III en 1271. Lors de la cérémonie, elle est bénie dans son fourreau richement décoré puis placée nue sur l'autel. Elle est ensuite brandie plusieurs fois vers le ciel par le connétable, le chef de l'armée.

LES SERMENTS

Après avoir invoqué les saints, le roi promet, la main sur les Evangiles, de protéger l'Eglise et d'empêcher «rapines et iniquités» dans le royaume. Mais, siècle après siècle, les serments deviennent de plus en plus nombreux : certains rois s'engagent solennellement à combattre les hérétiques, à respecter certains ordres religieux (à partir du XVIᵉ siècle) ou la charte constitutionnelle (XIXᵉ siècle).

Le fourreau (fin du XIIIᵉ siècle) est en argent doré.

LES ÉPERONS

Après les serments, des éperons sont fixés aux pieds du roi pour rappeler qu'il doit se comporter en chevalier lors de son règne. Ces éperons conservés au Louvre ont été utilisés dès la fin du XIIᵉ siècle.

LES ONCTIONS

Le roi reçoit les onctions après avoir enlevé ses vêtements d'apparat. L'archevêque, qui a mélangé du baume de la sainte ampoule avec du saint chrême (l'huile bénie), en dépose quelques gouttes avec une aiguille d'or sur différentes parties du corps. C'est le moment le plus important du sacre : le souverain devient roi par la grâce de Dieu.

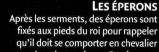

481-751   751-987   987-1328

LES MÉROVINGIENS   LES CAROLINGIENS   LES CAPÉTIENS DIRECTS

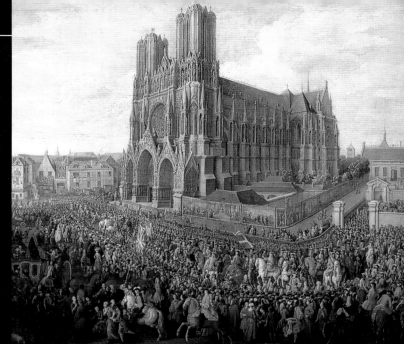

REIMS, LA VILLE DU SACRE

En mémoire du baptême de Clovis, Reims s'est imposée au temps des Capétiens comme la ville du sacre. A partir de 1027, tous les rois, sauf Louis VI à Orléans et Henri IV à Chartres, sont sacrés dans la cité champenoise où une nouvelle cathédrale est construite au XIIIᵉ siècle. Le lendemain de la cérémonie, une grande cavalcade accompagne le roi - ici Louis XV - à l'ancienne abbaye pour la cérémonie du toucher des écrouelles : en posant ses mains sur le corps des malades, le roi sacré était supposé les guérir.

La couronne de Louis XV compte 282 diamants.

LE SCEPTRE

Commandé par Charles V à la fin du XIVᵉ siècle, ce sceptre en or qui mesurait à l'origine 1,88 m et pesait 2,2 kg a été plusieurs fois restauré. Au sommet, il porte une statuette de Charlemagne dont le règne prestigieux fascinait les Capétiens. Lors du sacre, le roi recevait le sceptre dans la main droite pour guider son peuple.

Commandée par Napoléon Iᵉʳ pour son sacre (1804)

LA MAIN DE JUSTICE

Le roi recevait dans la main gauche une main de justice de 60 cm environ taillée dans une dent de narval qui, croyait-on au Moyen Age, protégeait le roi des tentatives d'empoisonnement. Elle désigne le roi comme le plus grand juge du royaume.

LA COURONNE

Cette couronne d'argent doré fut portée par Louis XV lors du grand banquet qui suivit son sacre. Elle était décorée de dizaines de pierres précieuses qui ont été remplacées après la cérémonie par des imitations. A son sommet, la fleur de lys était formée de 17 diamants ! Selon les époques, le roi disposait de 2 ou 3 couronnes de taille et de poids divers pour les différents moments du sacre (arrivée, couronnement, festivités).

@ ▶▶

Monarchie

LE COURONNEMENT

Sur la miniature, à gauche, les pairs, les personnages les plus importants du royaume, soutiennent la couronne que l'archevêque a posée sur la tête du roi : c'est le signe de leur soumission. A droite, le roi reçoit le baiser de paix de l'archevêque de Reims. Ce geste symbolise le lien qui unit l'Eglise catholique et le roi de France.

Ivoire, cuivre, or et camées

1328-1589	1589-1792 1814-1848
LES VALOIS	LES BOURBONS

LA DYNASTIE MÉROVINGIENNE

Méconnus, les Mérovingiens ne sont pas les barbares sanguinaires et dégénérés que les historiens carolingiens ont voulu présenter. Issue du peuple franc, la dynastie qui règne du Vᵉ au VIIIᵉ siècle (voir pages 66/67) est la fondatrice du royaume de France : elle a recréé une civilisation après la chute de l'Empire romain due aux invasions barbares (476). Après une première période de conquêtes, les Mérovingiens rencontrent des difficultés pour imposer leur autorité dès le VIIᵉ siècle et perdent leur pouvoir au profit du maire du palais, dont le rôle était celui du Premier ministre aujourd'hui.

LES REINES MÉROVINGIENNES
Belle-fille de Clovis et femme du roi Clotaire Iᵉʳ, Radegonde consacre sa vie à accueillir les pauvres et à soigner les malades. En conflit avec son mari qu'elle avait épousé contrainte et forcée, elle ose lui résister et se retire dans un monastère consacré à la Vierge à Poitiers. A son image, de nombreuses princesses mérovingiennes participent à l'essor du christianisme comme la reine Bathilde, femme de Clovis II et première abbesse du monastère de Chelles.

DES ROIS CONQUÉRANTS
Les souverains mérovingiens tiennent l'essentiel de leur autorité de leurs conquêtes. Ils disposent d'une armée de quelques milliers de soldats équipés de lances, d'épées et de haches et tissent des alliances pour se renforcer. Les plus grands rois sont des guerriers mais aussi des diplomates comme Clovis ou Dagobert qui parviennent à repousser les frontières. Mais, après chaque règne, le royaume est divisé car les terres appartiennent au souverain et sont partagées entre ses fils.

SCEAU DE CHILDÉRIC (V. 436 - V. 481)
Ce sceau a été retrouvé en 1653 dans la tombe de Childéric, père de Clovis, avec des bijoux, des vêtements, des armes et des abeilles d'or, emblème de la dynastie. Volé au XIXᵉ siècle, ce minuscule portrait montre l'aspect des premiers rois mérovingiens dont la longue chevelure symbolisait la puissance.

481-511	534	629-638
RÈGNE DE CLOVIS	Conquête de la Bourgogne	RÈGNE DE DAGOBERT Iᵉʳ

PHARAMOND

Ce tableau du XIXᵉ siècle représente Pharamond, un chef légendaire du peuple franc dont est issu Clovis, le premier roi de l'histoire de France. La réalité historique de ce personnage n'est pas prouvée mais cette scène restitue avec fidélité la procédure des élections des chefs francs. Après avoir été choisis, ils étaient portés sur le pavois (grand bouclier) et acclamés par leurs guerriers.

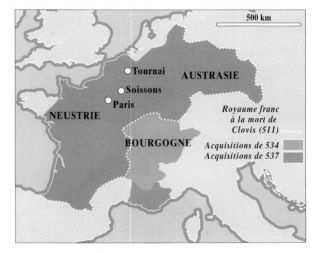

LA DIVISION DU ROYAUME

Au fil des conquêtes et des partages, le royaume mérovingien est partagé progressivement en 3 territoires : l'Austrasie, la Neustrie et la Bourgogne, parfois réunis lors de quelques règnes (Dagobert Iᵉʳ ou Clotaire Iᵉʳ).

L'UNION DE LA ROYAUTÉ AVEC L'ÉGLISE

La crosse de l'abbé Saint Germain de Trèves (VIIᵉ siècle) rappelle la place majeure des évêques dans l'administration du royaume mérovingien. La plupart d'entre eux sont issus de l'aristocratie et administrent d'immenses territoires. Elevés à la Cour, ils sont les alliés des rois mérovingiens qui les nomment à la tête de leurs diocèses.

LES ROIS FAINÉANTS

Après la mort de Dagobert, la dynastie amorce un déclin dont la propagande carolingienne a rendu les princes responsables, en les suspectant de dégénérescence. Pour les historiens actuels, cette perte d'autorité repose plus certainement sur leur manque de moyens, faute de conquêtes, et sur leur inexpérience lorsqu'ils accèdent au trône : Clovis II, représenté sur cet amusant tableau du XIXᵉ siècle devient roi à 4 ans et meurt à 22 ans !

Mérovingiens

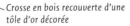

Crosse en bois recouverte d'une tôle d'or décorée

LES SOURCES

Le témoignage direct le plus ancien sur la dynastie mérovingienne est la lettre adressée par saint Rémi à Clovis au moment de son avènement. Mais de manière générale, les sources sont presque inexistantes à l'exception de l'*histoire des Francs* de Grégoire de Tours écrite au VIᵉ siècle.

639-657

RÈGNE DE CLOVIS II,
PREMIER DES ROIS DITS FAINÉANTS

732
Charles Martel repousse les
Arabes à Poitiers.

751-987

LES CAROLINGIENS

CLOVIS Iᵉʳ, PREMIER ROI CHRÉTIEN

Rien ne prédisposait Clovis à devenir
le premier roi chrétien de l'histoire de France !
Chef des Francs à 15 ans seulement, il n'est qu'un
roitelet barbare dont le pouvoir ne s'étend que
sur un minuscule territoire du nord de la Gaule.
Mais, si Clovis est un chef de guerre redouté,
il est aussi un génie politique. Par sa conversion
au catholicisme, il bénéficie de l'appui capital
de l'Église et renforce considérablement
son autorité.

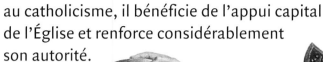

@ Francs

L'ÉDUCATION DES PRINCES

Sur ce tableau fantaisiste du XIXᵉ siècle, les princes s'entraînent
au maniement de la francisque sous le regard de Clovis
et de leur mère, Clotilde. Fille du roi burgonde Chilpéric
qui dominait le sud-est du pays, cette princesse catholique donne
au moins 5 enfants à Clovis et l'influence considérablement
dans sa conversion au catholicisme.

SAINT RÉMI

Evêque de Reims pendant près de
75 ans, saint Rémi conseille le jeune
Clovis dès son accession au trône.
Sur cette image du XVᵉ siècle, il est
représenté recevant d'une colombe
divine le saint chrême nécessaire
pour le baptême de son protégé.
Pour montrer leur filiation
avec Clovis, les rois capétiens
utiliseront cette huile bénite pour
leur sacre dès le XIIIᵉ siècle.

LE BAPTÊME DE CLOVIS

Ce détail d'un tableau de 1837
comporte 2 erreurs majeures.
Lorsqu'il est baptisé par saint
Rémi, le 25 décembre d'une
année indéterminée (496 ou
498), Clovis est nu et, selon la
tradition de l'époque, immergé
dans le baptistère. Après la
cérémonie qui unit à jamais le
royaume et le catholicisme,
3 000 guerriers sont
baptisés à la suite de
leur souverain.

466
Naissance présumée de Clovis

476
Chute de l'Empire romain d'Occident

493
Mariage avec
Clotilde

LE PARTAGE DU ROYAUME

Après la mort de Clovis, le royaume qui recouvrait alors une grande partie de la Gaule est partagé selon la tradition franque entre ses 4 fils. Thierry Ier, né d'un premier mariage, obtient le nord-est de la France et l'Auvergne, Clodomir la région d'Orléans, Childebert Ier le royaume de Paris et Clotaire Ier, la région de Soissons. Le royaume patiemment unifié par Clovis en 30 ans de règne vole en éclats.

L'armature en bois est recouverte de plaques de bronze illustrant des scènes de l'Évangile (noces de Cana, résurrection de Lazare).

LE VASE DE SOISSONS

Le célèbre vase de Soissons pourrait ressembler à cette cruche du ve siècle, ornée de scènes religieuses et retrouvée dans la tombe du chef mérovingien de Lavoye. Conformément à la tradition franque qui voulait que le butin soit partagé après une victoire, un guerrier avait tiré au sort un vase liturgique. Mais Clovis l'avait exigé pour le rendre à un évêque. Furieux, le guerrier frappa le vase sans le briser. Un an plus tard, lors d'une revue, le chef franc fracasse le crâne de l'indiscipliné sous prétexte du mauvais entretien de ses armes. Cet épisode symbolise la brutalité, l'inflexibilité mais aussi le souci de discipline de Clovis.

UN REDOUTABLE GUERRIER

Clovis étend son territoire par les armes et écrase les Romains (486), les Alamans (497) et les Wisigoths (507). Cette scène le montre lors de la victoire de Tolbiac, où, en difficulté, il jure de se convertir au christianisme s'il parvient à vaincre ses ennemis. En réalité, ce vœu et le nom de la bataille pourraient être une invention de Grégoire de Tours, très désireux de montrer l'appui de Dieu à la nouvelle dynastie.

SAINTE GENEVIÈVE

Admirée pour avoir protégé Paris face aux Huns d'Attila en 451, sainte Geneviève prend le parti de Clovis et l'encourage à se convertir au catholicisme. Elle influence le grand roi mérovingien sur sa décision d'installer sa nouvelle capitale à Paris. Il y sera inhumé au côté de Geneviève et de la reine Clotilde.

511-558

VERS 505 Loi salique : recueil de textes dont l'exclusion des femmes de la succession à la terre

511 Mort de Clovis

CHILDEBERT Ier, ROI DE PARIS

DAGOBERT Ier, GRAND ROI D'OCCIDENT

Célèbre grâce à une chanson populaire, Dagobert est paradoxalement très peu connu. Fils de Clotaire II, ce prince ambitieux hérite du royaume d'Austrasie et s'empare de la Neustrie et de la Burgondie. Ultime grand roi de sa dynastie, Dagobert est le dernier mérovingien maître d'un royaume unifié. À sa mort, ses deux fils Sigebert III et Clovis II ne sont âgés que de 8 et 4 ans. Le premier régnera sur l'Austrasie, le second dirigera la Neustrie et la Burgondie.

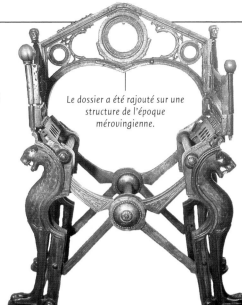

Le dossier a été rajouté sur une structure de l'époque mérovingienne.

PROTECTEUR DES ARTS
Attribué à Dagobert Ier, cet extraordinaire trône de bronze doré aux montants en or représentant des fauves était complété par de larges bandes de cuir. Témoignage de la splendeur de l'orfèvrerie à l'époque de Dagobert Ier, il fut utilisé par de nombreux souverains français jusqu'au règne de Napoléon Ier !

LA COUR DE DAGOBERT Ier
Dès son avènement, Dagobert Ier s'entoure d'une cour brillante d'aristocrates, futurs comtes ou évêques comme saint Didier ou saint Ouen. Le plus célèbre, saint Eloi, est à la fois trésorier, orfèvre et diplomate. A la Cour, le roi favorise l'ascension des fils des grandes familles du royaume et peut ainsi mieux contrôler ces dernières. Pendant les dix années de son règne, Dagobert Ier restaure l'ordre dans son royaume grâce à ses conseillers avisés et soumet les Saxons, les Gascons et les Bretons. Habile diplomate, il entretient de bonnes relations avec l'empereur de Byzance, son voisin le plus puissant.

BIENFAITEUR DE L'ABBAYE DE SAINT-DENIS
Selon la légende, Dagobert Ier aurait découvert par hasard le tombeau de saint Denis en chassant un cerf qui s'y était réfugié. En réalité, la basilique avait été érigée au Ve siècle par sainte Geneviève. Mais Dagobert lui accorda de nombreux privilèges comme celui d'organiser une foire et l'embellit plusieurs fois. Il est inhumé auprès des reliques de saint Denis dans ce lieu qui allait devenir la nécropole royale !

613-629

VERS 600
Naissance de Dagobert Ier

RÈGNE DE CLOTAIRE II

629
Début du règne

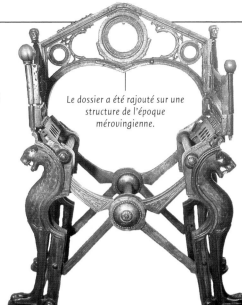

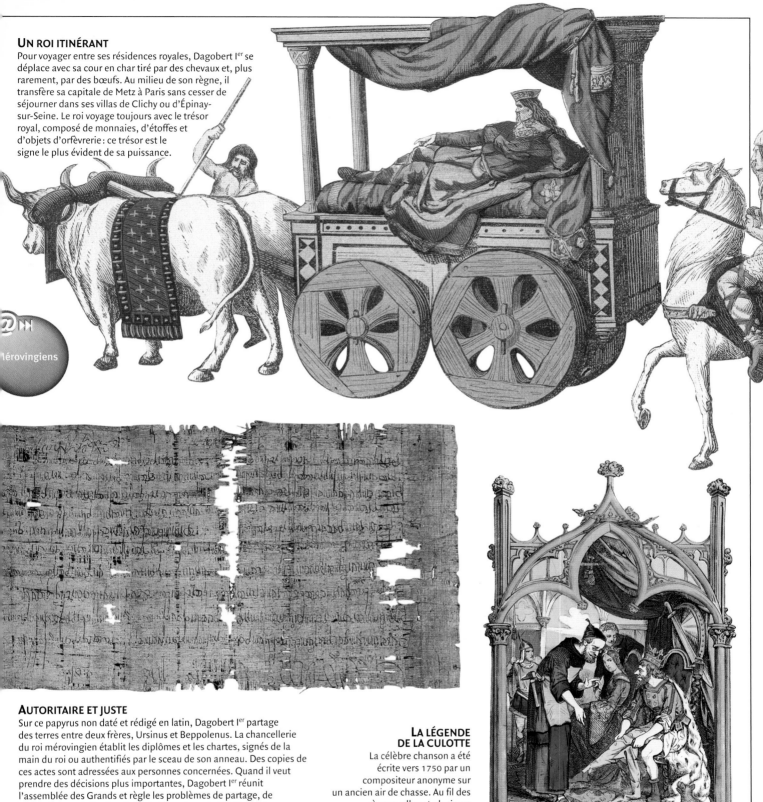

UN ROI ITINÉRANT

Pour voyager entre ses résidences royales, Dagobert Ier se déplace avec sa cour en char tiré par des chevaux et, plus rarement, par des bœufs. Au milieu de son règne, il transfère sa capitale de Metz à Paris sans cesser de séjourner dans ses villas de Clichy ou d'Épinay-sur-Seine. Le roi voyage toujours avec le trésor royal, composé de monnaies, d'étoffes et d'objets d'orfèvrerie : ce trésor est le signe le plus évident de sa puissance.

Mérovingiens

AUTORITAIRE ET JUSTE

Sur ce papyrus non daté et rédigé en latin, Dagobert Ier partage des terres entre deux frères, Ursinus et Beppolenus. La chancellerie du roi mérovingien établit les diplômes et les chartes, signés de la main du roi ou authentifiés par le sceau de son anneau. Des copies de ces actes sont adressées aux personnes concernées. Quand il veut prendre des décisions plus importantes, Dagobert Ier réunit l'assemblée des Grands et règle les problèmes de partage, de succession ou de justice. Selon la Chronique de Frédégaire (ou pseudo-Frédégaire) rédigée vers 660, le roi parvient à gouverner sagement sans faire trop de concessions à l'aristocratie du royaume. Ses descendants n'hériteront pas de cette autorité naturelle.

LA LÉGENDE DE LA CULOTTE

La célèbre chanson a été écrite vers 1750 par un compositeur anonyme sur un ancien air de chasse. Au fil des règnes, elle est plusieurs fois adaptée pour se moquer des différents souverains. Les principales victimes de ces chansons parodiques furent Louis XVI et Napoléon Ier qui la fit interdire !

637
Dagobert soumet militairement les Gascons.

639
Mort de Dagobert Ier

639-657

RÈGNE DE CLOVIS II

LA DYNASTIE CAROLINGIENNE

Serviteurs des Mérovingiens, les Carolingiens (voir pages 66/67) vont prendre leur place sur le trône à partir de 751 avec l'avènement de Pépin le Bref. Le règne de son fils, le grand Charlemagne, sera si brillant qu'il imposera la dynastie pendant plus de deux siècles en France et, selon les époques, en Europe. Consacrés par les papes, les Carolingiens protègent la chrétienté d'Occident et bâtissent un empire comparable à celui des Romains de l'Antiquité.

UNE DYNASTIE AMIE DU PAPE

La dynastie mérovingienne était proche des évêques, les Carolingiens seront les amis des papes! Cette mosaïque rappelle la remise de l'étendard de Rome à Charlemagne par le nouveau pape Léon III (795) en signe de respect. En échange du soutien des pontifes, les rois carolingiens protègent les clercs et, par leurs conquêtes, élargissent les frontières de la chrétienté.

CHARLES MARTEL À POITIERS (732)

Grâce à sa victoire sur les Sarrasins lors de la bataille de Poitiers en 732, le maire du palais Charles Martel renforce l'autorité de sa famille. Ses descendants, Pépin le Bref et Charlemagne, aimeront rappeler le souvenir de cette bataille sans grand enjeu mais très symbolique car la chrétienté repoussa l'Islam.

LE GLOBE

Boule d'or ou de cristal parfois surmontée d'une croix, le globe, qui représente la sphère terrestre dominée par la chrétienté, est l'emblème des Carolingiens. Les empereurs germaniques le tiennent dans la main comme signe de leur dignité.

Berthe est entourée par ses deux fils Charlemagne et Carloman.

LE SACRE DE PÉPIN (754)

Après le règne de Childéric III, dernier roi fantoche de la dynastie mérovingienne, les principaux seigneurs de Francie occidentale (la France du Nord) proclament le plus puissant d'entre eux, Pépin III, roi des Francs en 751. Ce tableau du XIXᵉ siècle le montre lors de son sacre en 754 par le pape Etienne II dans la basilique de Saint-Denis. Le nouveau roi réussit à faire sacrer ses deux jeunes fils le même jour: la famille carolingienne est bien installée sur le trône.

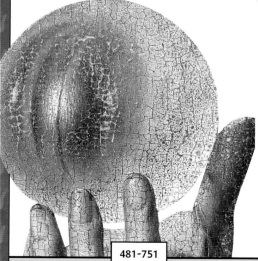

BERTHE AU GRAND PIED (M. EN 783)

Descendante des rois mérovingiens, Bertrade de Laon est l'épouse de Pépin le Bref. Surnommée Berthe au grand pied, elle avait, dit-on, un pied plus grand que l'autre. Sur sa tombe de Saint-Denis, la reine est présentée simplement comme «Berthe, mère de Charlemagne» alors qu'elle a donné six enfants au roi!

481-751

768-814

LES MÉROVINGIENS

RÈGNE DE CHARLEMAGNE

842 Serments de Strasbourg: premier document officiel écrit en français (Louis le Germanique et Charles le Chauve s'allient contre leur frère Lothaire).

DES ROIS RÉFORMATEURS

La chancellerie royale carolingienne produit de nombreux textes de lois, les capitulaires, pour organiser le royaume. Rédigés en latin, ils sont ensuite lus dans les provinces concernées en langue locale lors de grandes assemblées (plaids). Pour faire appliquer ces lois, les souverains nomment des comtes qui administrent une vaste région. Ces hauts fonctionnaires dotés des pouvoirs de l'empereur sont cependant contrôlés par ses envoyés, les *missi dominici*.

L'EMPIRE

A son apogée, vers 825, l'Empire carolingien est aussi vaste que l'Empire romain d'Occident. A partir du règne de Charlemagne, Aix-la-Chapelle devient le cœur de cet empire démesuré dont la superficie atteint un million de km².

Empire de Charlemagne en 825
Partage entre les fils de Louis le Pieux :
Charles le Chauve
Lothaire
Louis le Germanique

Aix-la-Chapelle
NEUSTRIE
AUSTRASIE
BOURGOGNE
AQUITAINE
PROVENCE

500 km

L'ARMÉE CAROLINGIENNE

Les Carolingiens qui dominent au fil des ans la Gaule, la Germanie, l'Italie lombarde et la Catalogne ne disposent pourtant pas d'une armée de métier! Avant chaque campagne ou lors de chaque alerte, les hommes libres doivent se retrouver sous peine de sanctions avec leurs armes, leurs vêtements et des vivres pour deux ou trois mois. Les cavaliers, armés d'une lance, de 2 épées, d'un arc et d'un bouclier sont chargés plus particulièrement de surveiller les frontières.

@ →
Carolingiens

843-877

RÈGNE DE
CHARLE II LE CHAUVE

911 Traité de Saint-Clair-sur-Epte : Charles III le Simple donne en fief la Normandie au chef viking Rollon.

987-1328

LES CAPÉTIENS DIRECTS

15

CHARLEMAGNE, ROI ET EMPEREUR D'OCCIDENT

Conquérant d'un extraordinaire empire, le fils de Pépin le Bref n'a pas d'équivalent dans l'histoire de l'Europe. Chef de guerre sans pitié et amateur de poésie, administrateur efficace et grand protecteur du christianisme, son prestige lui vaut d'être surnommé après sa mort Charlemagne (*Carolus Magnus*, Charles le Grand). Il deviendra l'incontestable modèle des rois français et allemands qui vont lui succéder.

LA CONSÉCRATION ROMAINE

Couronné à Noël de l'an 800 à Rome par le pape Léon III, Charlemagne est le premier empereur européen depuis 476. Il devient officiellement ce qu'il était déjà : le maître incontesté de l'Occident chrétien. Sous son autorité, ses fils règnent sur l'Italie et sur l'Aquitaine.

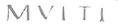

LE RENOUVEAU DES ARTS ET DES LETTRES

Entouré des plus grands intellectuels de son temps comme le religieux anglais Alcuin, Charlemagne est l'initiateur d'une réforme de l'écriture. Il impose la « caroline », la lettre minuscule, pour simplifier les écrits. Conscient de l'importance de l'instruction, il encourage le développement des écoles dans l'empire.

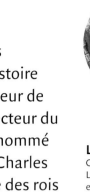

LE ROI DES ROIS

Cette statuette de Charlemagne orne le sceptre du roi Charles V (page 7), ciselé pour son sacre en 1365. Elle témoigne du désir de filiation des rois capétiens envers le prestigieux Carolingien. Cette représentation véhicule l'image erronée d'un empereur à la barbe fleurie – inventée au Xᵉ siècle – alors que, selon Eginhard, son biographe, Charlemagne ne portait qu'une moustache.

Widukind · Charlemagne

LE CONQUÉRANT

Le règne de Charlemagne n'est qu'un long combat de trente années contre les Lombards, les Saxons, les Avars, les Gascons et les Sarrasins. Ce tableau du XIXᵉ siècle rappelle la soumission de Widukind, le roi des Saxons, en 785, après 3 années de luttes acharnées. Dans ses guerres, Charlemagne se montre sans pitié : en 782, 4 500 otages saxons auraient été décapités en une seule journée !

751-768

VERS 742
Naissance de Charlemagne

RÈGNE DE
PÉPIN LE BREF

768
Début du règne

RESPECTÉ DE L'EUROPE À L'ASIE

Cette pièce d'échiquier indienne a longtemps été attribuée à Charlemagne alors que le jeu d'échecs n'existait pas en Europe à son époque. Il rappelle cependant le véritable éléphant, offert à l'empereur par le calife de Perse, qui avait fait sensation à la Cour.

@ ►►
Charlemagne

L'ORGANISATEUR

Sur cette peinture du XIXe siècle, Charlemagne présente ses premiers capitulaires à l'assemblée des Francs en 779. Ces textes de lois règlent les litiges dans des domaines aussi variés que les héritages, la monnaie ou la pratique religieuse. A l'issue de l'assemblée, les participants sont chargés de diffuser les décisions de Charlemagne dans leur région.

Olifant en ivoire

ROLAND DE RONCEVAUX

Selon la légende, Roland de Roncevaux aurait soufflé dans un olifant pour appeler au secours lorsqu'il fut attaqué avec l'arrière-garde de l'armée carolingienne dans les Pyrénées par les Basques, en 778. Cet épisode historique très obscur sera retracé dans *La Chanson de Roland*, un long poème écrit 3 siècles plus tard.

LA TRIBU CHARLEMAGNE

Très attaché à sa nombreuse famille, Charlemagne a 4 femmes et au moins 16 enfants dont il surveille étroitement l'éducation. Patriarche autoritaire mais sensible, il s'oppose au mariage de ses filles car il ne veut pas s'en séparer !

AIX-LA-CHAPELLE, LA CAPITALE IMPÉRIALE

Désireux de fonder une capitale au cœur de son empire, Charlemagne s'installe vers 796 à Aix (page 15), une ancienne station thermale romaine. Il y fait construire un palais somptueux et une chapelle où il fait élever ce trône en marbre blanc de Carrare dans la galerie supérieure.

814-840

800
Charlemagne est sacré empereur le jour de Noël.

814
Mort de Charlemagne à Aix-la-Chapelle

RÈGNE DE LOUIS Ier LE PIEUX

CHARLES II LE CHAUVE, LA RENAISSANCE CAROLINGIENNE

Fils tardif de l'empereur Louis le Pieux, Charles le Chauve doit lutter les armes à la main contre ses frères pour s'imposer en Francie orientale, futur royaume de France, en 843. Il a 20 ans seulement mais il ne veut pas s'arrêter en si bon chemin. Son ambition est grande : faire renaître de ses cendres l'empire de Charlemagne. Mais Charles le Chauve ne deviendra qu'un empereur sans réel pouvoir. Après sa mort, une succession de règnes éphémères entraîne le déclin irrémédiable de la dynastie carolingienne.

DÉVOT ET AMATEUR D'ART

La couverture du psautier de Charles II symbolise deux facettes de sa personnalité : le roi est un homme pieux et un amateur d'art. Il participe au culte de saint Denis et se montre fasciné par la vie des grands rois de l'Ancien Testament comme David à qui il aime être comparé. Esthète, il ne cesse d'encourager la création artistique, notamment les ateliers d'enluminures et d'ivoire dont les plus célèbres étaient situés à Aix-la-Chapelle et à Metz.

Métal

Ivoire

Pierres précieuses

Bronze autrefois doré

UN ROI AUTORITAIRE

Fondue vers 870, cette statue de bronze de Charles le Chauve est parfois considérée comme une représentation de son grand-père, Charlemagne. Homme de taille moyenne, Charles II a la physionomie classique des Carolingiens avec un visage assez épais et de longues moustaches. Démonstratif, il est craint pour ses colères violentes auxquelles il est dangereux de s'opposer. Plus mesuré que ses ancêtres dans le domaine sentimental, Charles II n'eut que deux femmes : Ermentrude et Richeut.

840-843

823		843	875
Naissance à	RÈGNE DE LOTHAIRE Iᵉʳ	Début du règne	Charles II sacré
Francfort-sur-le-Main			empereur

@ Renaissance carolingienne

LE PARTAGE DE VERDUN (843)

En 843, le partage de Verdun scinde à jamais l'empire de Charlemagne entre ses petits-fils Charles le Chauve, Lothaire et Louis. Le territoire obtenu par Charles, délimité par l'Escaut, la Meuse, la Saône et le Rhône, sera le futur royaume de France. Le royaume de Louis deviendra l'Allemagne et celui de Lothaire, au centre, sera morcelé au fil des siècles.

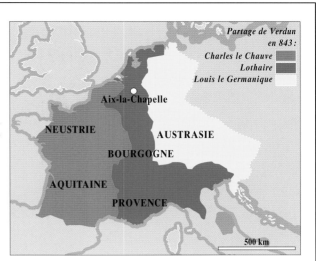

Partage de Verdun en 843 :
Charles le Chauve
Lothaire
Louis le Germanique

NEUSTRIE — AUSTRASIE
Aix-la-Chapelle
BOURGOGNE
AQUITAINE
PROVENCE

500 km

UN HOMME DE COUR

Véritable dédicace illustrée, cette image est issue d'une bible remise au roi Charles le Chauve par Vivien, abbé de Saint-Martin de Tours. C'est ce moment précis qui est représenté avec, à gauche, 3 moines tenant par respect le texte sacré dans un linge. Organisant une petite cour autour de lui, Charles le Chauve aimait s'entourer dans son palais de Compiègne de clercs et d'érudits comme l'Irlandais Scot Erigène qui resta 30 ans à ses côtés.

LES VIKINGS

Face à la menace des Vikings, Charles II le Chauve est accusé de laisser le pays sans réelle défense. Les fortifications pour empêcher les drakkars de remonter les rivières se révèlent ainsi insuffisantes. En désespoir de cause, Charles désigne, en 860, Robert le Fort pour l'aider à combattre ces envahisseurs. Ce dernier y gagnera un grand prestige, rappelé plus tard par ses descendants, les rois capétiens.

Mât mobile

Voile carrée ou rectangulaire en laine

ROI ET EMPEREUR

Cette miniature du xvᵉ siècle présente Charles II le Chauve couronné et surmonté d'une main montrant qu'il a été choisi par Dieu. Charles a été sacré roi d'Aquitaine et de Francie occidentale en 848, roi de Lotharingie en 870 et empereur le jour de Noël 875, 75 ans après son grand-père. Mais cette quête du trône impérial l'éloigne trop souvent de son royaume. Les plus grands seigneurs de France en profitent pour exiger que leurs pouvoirs locaux deviennent héréditaires (capitulaire de Quierzy-sur-Oise en 877).

877-879

987-1328

877
Mort à Avrieux

RÈGNE DE LOUIS II LE BÈGUE

LES CAPÉTIENS DIRECTS

19

LA DYNASTIE CAPÉTIENNE

En 987, le modeste Hugues Capet monte sur le trône de France sans véritable coup de force. Ce roi sans réelle autorité doit se faire respecter par des seigneurs plus puissants et plus riches que lui. Son règne est sans éclat mais il parvient à imposer ses fils comme successeurs. La dynastie capétienne (voir pages 66/67) va pourtant régner plus de huit siècles sur le royaume et imposer au fil des règnes une monarchie absolue de droit divin.

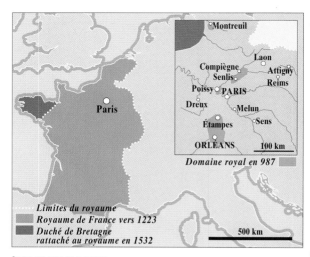

Montreuil
Laon
Compiègne Attigny
Senlis Reims
Poissy PARIS
Dreux Melun
Étampes Sens
ORLÉANS
100 km

Paris

Domaine royal en 987

.... *Limites du royaume*
Royaume de France vers 1223
Duché de Bretagne
rattaché au royaume en 1532
500 km

LA FLEUR DE LYS
Une incertitude demeure sur l'origine de la fleur de lys qui devient l'emblème de la royauté française à la fin du XIIe siècle. Fer de lance, javelot, francisque ou simple végétal, elle orne le sceau du futur Louis VIII dès 1211 (première représentation de fleurs de lys conservée) et un vitrail de la cathédrale de Chartres dès 1220.

LE DOMAINE ROYAL
Les premiers Capétiens règnent sur un minuscule territoire entre Compiègne et Orléans. L'autorité royale se renforce nettement à partir du règne de Philippe Auguste (1180-1223) jusqu'au rattachement de la dernière province, la Bretagne, au XVe siècle.

@▶
Capétiens

HUGUES, LE PREMIER CAPÉTIEN (V. 941-996)
Fin diplomate, le duc de France Hugues Capet devient roi à 46 ans en se faisant élire par les Grands du royaume. Pour maintenir la couronne dans sa famille, il réussit à faire sacrer de son vivant son fils aîné. Marié à Adélaïde d'Aquitaine, descendante de Charlemagne, Hugues Capet est le père de Robert II le Pieux, roi de France de 996 à 1031.

LA SOCIÉTÉ FÉODALE
Cette scène présente une famille de nobles seigneurs partant à la chasse avec leurs serfs. Ces grands personnages sont au cœur du système féodal basé sur une hiérarchie très stricte au sommet de laquelle est placé le roi. Au début de l'ère capétienne, certains grands seigneurs détiennent des pouvoirs supérieurs à ceux du roi mais la monarchie se renforce au fil des siècles.

DES ROIS CONQUÉRANTS

Ce casque de Charles VI, découvert en 1984 dans les fouilles de la cour Carrée du Louvre, a été reconstitué ici à partir de plus de 100 fragments séparés. Il rappelle l'ardeur guerrière des rois capétiens qui aimaient conduire leurs troupes au combat comme Philippe Auguste, Jean II le Bon ou François Ier.

LA POLITIQUE MATRIMONIALE

Par leur mariage, les souverains mènent une politique habile d'agrandissement du royaume. Cette miniature rappelle l'alliance de Charles IV le Bel et de Marie de Luxembourg en 1322. Très beau parti, cette dernière était la fille d'Henri VII, empereur du Saint Empire romain germanique.

LE DAUPHIN

Ce tableau représente l'un des dauphins du royaume de France, le futur Louis XIV, à la destinée brillante. Tous n'eurent pas cette chance car, en raison de la mortalité infantile très importante, beaucoup ne régnèrent jamais. L'origine de ce surnom remonte au XIVe siècle quand le roi de France acheta le Dauphiné. Cette province devint, au fil des règnes, l'apanage de l'un des fils du roi puis de son fils aîné qui fut alors surnommé le Dauphin (page 32).

NAISSANCE D'UNE ADMINISTRATION ROYALE

Par ce diplôme, Hugues Capet cède le domaine de Maisons-Alfort à l'abbaye de Saint-Maur-des-Fossés. L'autorité des Capétiens ne cesse de s'affirmer grâce à l'organisation de services publics dans le domaine de l'administration des régions, des finances et surtout de la justice. Les rois capétiens s'imposent de plus en plus face aux justices ecclésiastiques et seigneuriales.

Hugues a simplement tracé le V dans le losange central.

1328-1589	1589-1830	1830-1848
LES VALOIS	LES BOURBONS	LES ORLÉANS

ALIÉNOR D'AQUITAINE, LA REINE LIBRE

Héritière du duché d'Aquitaine à 13 ans, la jeune et belle Aliénor connaît un incroyable destin. Reine de France puis d'Angleterre, mère de trois rois, elle participe même à une croisade. Elle règne pendant 67 ans et donne naissance à une douzaine d'enfants. Femme libre dans un temps où le pouvoir était exclusivement masculin, elle ose divorcer du roi de France et se remarie avec le duc d'Anjou qui devient plus tard le roi d'Angleterre.

Lo departurs mes autan grieus
rage de penteue. En garda de fol
eus .laue la teara eson cosi.
Si fol tes dangieue nol sbzu.
cui ten tene menoz. faran li mal

LA CROISADE FATALE

En 1146, Aliénor accompagne son mari dans la deuxième croisade prêchée par Bernard de Clairvaux. En 1148, les croisés sont accueillis à Antioche, en Terre sainte, par l'oncle d'Aliénor qui aurait, dit-on, séduit sa nièce et l'aurait convaincue de quitter son mari. Malgré le refus de Louis VII, Aliénor parvient à ses fins et l'annulation du mariage est prononcée en 1152.

UNE ENFANCE EN AQUITAINE

La belle Aliénor est la petite fille du légendaire Guillaume IX, souverain fantasque et poète de génie représenté sur ce chansonnier provençal. Gaie, sensuelle et lettrée, la jeune duchesse grandit au Palais de l'Ombrière, une des cours les plus raffinées de l'époque où elle s'imprègne de cette culture artistique brillante. Elle y côtoie les troubadours qui enchantent la cour occitane par leurs chants courtois exaltant l'amour.

Aliénor d'Aquitaine et sa belle-fille Isabelle d'Angoulême

MARIÉE ET REINE EN QUELQUES SEMAINES

Le 25 juillet 1137, Aliénor épouse à Bordeaux Louis, le jeune fils du roi Louis VI le Gros. Moins de 15 jours après cette alliance très politique, le roi de France s'éteint et les jeunes mariés, qui ne se connaissent que depuis un mois, montent sur le trône.

LA BELLE INCONNUE

Cette fresque du XIIIe siècle est l'une des rares représentations d'Aliénor dont les chroniqueurs louaient la beauté sans véritablement la décrire. Femme de pouvoir et protectrice des arts et des lettres, la gracieuse Occitane aime s'amuser contrairement au gauche et dévot Louis VII, son époux. Ce dernier était, il est vrai, destiné à être clerc. Mais lorsque son frère aîné, Philippe, succombe accidentellement en 1129 en tombant de son cheval effrayé par un porc, il devient le futur prétendant au trône.

1108-1137

RÈGNE DE LOUIS VI

1122
Date présumée de sa naissance à Belin, près de Bordeaux

1137
Mariage avec Louis VII

LA FAMILLE PLANTAGENÊT

Devenue libre après son divorce (1152), la duchesse d'Aquitaine épouse le comte d'Anjou, duc de Normandie et futur roi Henri II d'Angleterre. Elle donne 8 enfants à l'héritier de la dynastie Plantagenêt et bâtit avec lui un empire associant leurs territoires d'Aquitaine, d'Anjou, du Maine puis d'Angleterre ! Mais cet empire survivra moins de 10 ans à la mort d'Henri II (1189), victime des querelles entre ses fils et de l'habileté de Philippe Auguste (page 24). Sur cette représentation des gisants royaux de Fontevraud, Aliénor figure au côté de son mari, Henri II, de leur fils aîné Richard Cœur de Lion et d'Isabelle d'Angoulême, l'épouse de leur fils cadet Jean sans Terre.

LOUIS VII (1120-1180)

Cette miniature du xvᵉ siècle représente Aliénor et Louis VII implorant Dieu de leur donner un fils. Mais leurs prières ne seront pas entendues : deux filles seulement naîtront de cette union en 15 ans de mariage. Louis VII n'aura qu'un seul fils, le futur Philippe Auguste, avec sa troisième épouse Adèle de Champagne.

Aliénor   Henri II   Richard Cœur de Lion   Isabelle

ABBAYE DE FONTEVRAUD

Aliénor fait de nombreux séjours à Fontevraud, une abbaye bénédictine fondée près de Saumur en 1101. Elle la comble de donations avant de s'y retirer définitivement en 1200. Morte à plus de 80 ans, la duchesse d'Aquitaine y repose avec une grande partie de sa famille.

LA REINE DES TROUBADOURS

Sous l'impulsion d'Aliénor et de son entourage aquitain, la cour de France devient de plus en plus festive avec des danseuses et des musiciens comparables à ce couple représenté sur un coffre de mariage du xiiᵉ siècle. Séduisante et indépendante, la reine s'entoure de troubadours comme le célèbre Bernard de Ventadour et inspire des poètes.

1152
Mariage avec Henri Plantagenêt

1204
Mort à Fontevraud

1180-1223

RÈGNE DE PHILIPPE AUGUSTE

PHILIPPE II AUGUSTE, LE CONQUÉRANT

Lorsqu'il succède à son père, Louis VII, en 1180, Philippe Auguste n'a que 15 ans. Son pouvoir réel s'étend sur l'Île-de-France, l'Orléanais et une partie du Berry. Son autorité est beaucoup plus limitée sur le reste du royaume, divisé en une dizaine de fiefs. Ambitieux, énergique et expert dans l'art de l'intrigue, le premier des grands Capétiens quadruple le domaine royal et laisse à son fils Louis VIII un royaume puissant. Après ses 43 années de règne, la dynastie capétienne commence à être solidement ancrée.

AFFERMISSEMENT DE L'AUTORITÉ ROYALE

Ce document est un acte bannissant du royaume deux habitants de Laon. Mais le roi n'intervient pas seulement dans le domaine de la justice. Il soutient aussi l'émergence des communes face aux seigneurs, qui contestent l'autorité du roi, et réorganise entièrement l'administration du royaume en nommant des baillis et des sénéchaux. Placés à la tête d'une région, ceux-ci rendent la justice et lèvent les impôts au nom du roi.

Sceau de Philippe Auguste

LA TROISIÈME CROISADE (1189-1192)

En 1189, Philippe Auguste participe à la troisième croisade avec son ennemi intime, le roi d'Angleterre Richard Cœur de Lion. Les Français portent des croix rouges et les Anglais, des blanches. Mais les deux souverains se détestent cordialement et Philippe Auguste revient à Paris. Il complote alors contre le souverain anglais avec le propre frère de ce dernier, Jean sans Terre.

BOUVINES (27 JUILLET 1214)

Entre 1204 et 1208, Philippe Auguste annexe la Normandie, le Maine, l'Anjou et le Poitou. Pour récupérer ses terres, le roi d'Angleterre Jean sans Terre lève une coalition avec l'empereur d'Allemagne, les comtes de Boulogne et de Flandre, les ducs de Lorraine et de Brabant. Le 27 juillet 1214, les deux armées se rencontrent à Bouvines. La spectaculaire victoire française, à laquelle a participé le roi en personne, suscite un mouvement d'allégresse dans tout le pays.

LE ROI DE CŒUR

A 15 ans, Philippe Auguste épouse la jeune Isabelle de Hainaut âgée de 10 ans dont il aura deux enfants et qui lui apporte la riche région de l'Artois. Puis il se marie en 1193 avec la princesse Ingeborge de Danemark qu'il répudie mystérieusement le lendemain de ses noces. Il épouse enfin Agnès de Méran en 1196. Cette répudiation suivie d'un remariage déclencha la colère du pape Innocent III.

1137-1180		
RÈGNE DE LOUIS VII	**1165** Naissance à Gonesse près de Paris	**1180** Début du règne

LA CHUTE DE CHÂTEAU-GAILLARD (1204)

Construite sur un éperon rocheux entre 1196 et 1198 par Richard Cœur de Lion pour protéger le duché de Normandie, Château-Gaillard est le symbole de la puissance des Plantagenêts en France. Mais après huit mois de siège auquel participe activement Philippe Auguste, la forteresse imprenable tombe aux mains des assaillants français en mars 1204. Tous les défenseurs sont tués ou capturés. Trois mois plus tard, Rouen, capitale du duché de Normandie, capitule à son tour. Successeur de Richard Cœur de Lion, son frère Jean sans Terre a perdu le combat continental face à l'auguste Capétien.

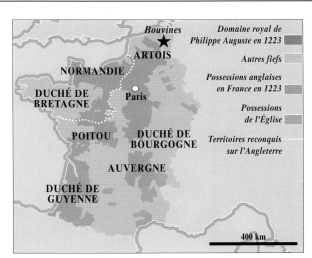

Domaine royal de Philippe Auguste en 1223

Autres fiefs

Possessions anglaises en France en 1223

Possessions de l'Église

Territoires reconquis sur l'Angleterre

400 km

AGRANDISSEMENT DU ROYAUME

Lors de son règne, Philippe Auguste s'empare par les armes ou la diplomatie de la Normandie, de l'Artois, du Poitou et de l'Auvergne.

AMBITIEUX ET PRAGMATIQUE

Fils de la troisième épouse de Louis VII, Philippe II est aussi brillant chef de guerre que diplomate. Sacré du vivant de son père en 1179 comme le voulait la tradition capétienne, il sera le premier à renoncer à cette coutume, signe de l'autorité désormais incontestée de sa dynastie. Peu cultivé mais très pragmatique, il impressionne par ses jugements rapides et pertinents. Son physique n'est connu que par quelques chroniques incomplètes. Beau et bien bâti, Philippe Auguste reste, sa vie entière, affaibli par une maladie contractée lors de la Croisade.

@ ▶▶
Philippe Auguste

LA RECONSTRUCTION DE PARIS

Paris devient la capitale du royaume et la résidence de Philippe Auguste qui s'installe dans l'île de la Cité. Le souverain bâtisseur embellit la ville, construit la forteresse du Louvre et une enceinte nouvelle, fait édifier des halles et paver les principales rues de la capitale.

1223-1226

1214
Victoire de Bouvines

1223
Mort de Philippe Auguste
à Mantes

RÈGNE DE LOUIS VIII

BLANCHE DE CASTILLE, UNE ESPAGNOLE SUR LE TRÔNE DE FRANCE

Fille du roi de Castille, étrangère en terre de France, Blanche sert pendant plus d'un demi-siècle la dynastie capétienne. En 1200, elle est choisie par sa grand-mère Aliénor d'Aquitaine, femme du roi d'Angleterre, pour épouser le dauphin français et apaiser les tensions entre les Capétiens et les Plantagenêts. Blanche a 12 ans et le futur roi Louis VIII n'en a que 13. La paix espérée ne s'impose pas mais la France gagne une grande reine. Autoritaire et abusive pour les uns, habile et courageuse pour les autres, elle défendra avant toutes choses les intérêts du royaume.

UNE ENFANCE ESPAGNOLE

Ces deux personnages sont les parents de Blanche, Alphonse VIII et Eléonore, fille d'Aliénor d'Aquitaine et d'Henri II, roi d'Angleterre. Ils règnent sur la Castille, petit royaume du nord de l'Espagne en première ligne dans la résistance contre les musulmans. Elevée dans une cour très raffinée, Blanche restera à jamais influencée par les principes de l'amour courtois et, plus encore, par sa sévère éducation religieuse.

UNE REINE DE FER

La vie entière de Blanche de Castille témoigne de son courage et de sa détermination. Arrivée adolescente à la cour de France, la jeune Espagnole n'hésite pas à s'opposer à son beau-père, l'autoritaire Philippe Auguste, pour défendre son mari, le futur Louis VIII, dont elle est très éprise et à qui elle donne 11 enfants. Etroitement associée à la conduite du royaume sous le court règne de Louis VIII, elle lui succède pendant la minorité de son fils et s'impose face aux Grands du royaume. Lors du départ de Louis IX en croisade, en 1248, Blanche dirige une nouvelle fois le royaume d'une main de fer pendant 4 ans.

LE SACRE (1223)

Cette miniature représente Blanche de Castille et Louis VIII lors de leur sacre en 1223, trois semaines après la mort de Philippe Auguste et 23 ans après l'arrivée de la princesse espagnole en France. Le nouveau roi souhaite donner un éclat exceptionnel à cette cérémonie où officient les archevêques de Reims, de Sens, de Bourges, de Rouen et de Lyon. Séduit par le courage et le sens politique de Blanche, Louis VIII l'imposera comme régente avant de s'éteindre en 1226.

1180-1223		1223-1226
RÈGNE DE PHILIPPE AUGUSTE	**1188** Naissance à Palencia	RÈGNE DE LOUIS VIII

LA RANÇON DE SON FILS

Blanche assure la régence lors de la septième croisade (1248) à laquelle participent son fils et sa famille et au cours de laquelle ils sont faits prisonniers. Opposée à ce départ, elle rassemble une énorme rançon (500 000 livres, réduite d'un quart par la suite) pour les faire libérer.

Pièce de monnaie sous Saint Louis

UNE MÈRE AUTORITAIRE

Reine de fer avec son peuple, Blanche de Castille élève ses enfants avec la même exigence. Très rigoureuse dans l'éducation religieuse et politique de son fils aîné Louis, elle aime déclarer qu'elle préférerait voir son fils mort que coupable d'un péché mortel. Mère jugée abusive par beaucoup d'historiens, son influence sur son fils sera considérable jusqu'à sa première croisade puis plus mesurée par la suite.

LA REINE COURTOISE

Avant même d'être reine, Blanche de Castille invite les poètes qu'elle avait tant aimés dans son enfance et que l'austère Philippe Auguste avait chassés de la Cour. La belle Castillane suscite d'innombrables textes poétiques par sa riche personnalité et son charisme.
Le comte troubadour Thibaud de Champagne, auteur de cette chanson et grand personnage du royaume, lui voua un amour transi pendant plusieurs années.

LA MORT DE BLANCHE (1252)

Blanche de Castille souhaitait devenir religieuse à la fin de sa vie mais elle doit gouverner le royaume quand son fils et sa famille partent à la septième croisade. Lorsqu'elle s'éteint en 1252, alors que son fils est encore prisonnier, Blanche est inhumée dans l'abbaye de Maubuisson où elle rêvait de se retirer.

LE CHÂTEAU DE PEYREPERTUSE

Ce château cathare qui ne se soumet qu'en 1240 est l'une des rares places fortes à résister au pouvoir royal après le traité de Meaux (1229) imposé par Blanche de Castille pour mettre fin aux guerres albigeoises. Lors de sa première régence, la reine étouffe habilement la rébellion des Grands du royaume ulcérés d'être gouvernés par une femme et élimine les prétentions continentales du roi d'Angleterre Henri III.

1226-1242	1248-1252		1226-1270
PREMIÈRE RÉGENCE	DEUXIÈME RÉGENCE	**1252** Mort à Paris	RÈGNE DE SAINT LOUIS

SAINT LOUIS, LE ROI TRÈS CHRÉTIEN

Seul roi de France canonisé, Louis IX est un homme charitable épris de justice mais aussi très autoritaire, c'est pourquoi il renforce la monarchie capétienne. Symbole du souverain chrétien, considéré comme le plus grand roi d'Occident à son époque, il est pacificateur en Europe mais n'hésite pas à «donner l'épée dans le ventre» aux ennemis de sa religion, les infidèles musulmans qui «osent souiller» la Terre sainte. Malgré ses deux échecs successifs aux croisades (1248 et 1270), son long règne de 44 ans est l'un des plus brillants de l'histoire de France.

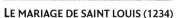

LE MARIAGE DE SAINT LOUIS (1234)
Louis IX se marie à l'âge de 19 ans dans la cathédrale de Sens avec Marguerite, fille aînée du puissant comte de Provence qui règne sur la vallée du Rhône. Réputée pour sa beauté, elle mène une vie assez austère et donne 11 enfants à Saint Louis. Choisie par la reine Blanche de Castille, la jeune épouse souffre cependant de l'extrême jalousie de sa belle-mère qui la déteste et ne supporte même pas que son fils reste seul avec elle !

Saint Louis

SAINT LOUIS ET LES PAUVRES
Cette miniature de Guillaume de Saint-Pathus montre le roi, dont la générosité inépuisable est maintes fois soulignée dans les chroniques de son temps, invitant les pauvres à sa table. Dans son désir de s'identifier aux plus miséreux, Saint Louis n'hésite pas à faire manger les lépreux et les pestiférés ou à leur laver les pieds !

LE PREMIER DES CATHOLIQUES
Profondément croyant et défenseur de la foi, Saint Louis fait bâtir de nombreuses églises et abbayes, s'entoure de clercs et vénère les reliques des saints. De 1242 à 1248, il fait édifier à Paris la Sainte-Chapelle pour abriter la couronne d'épines et un fragment de la croix du Christ qu'il avait acquis auprès de l'empereur de Constantinople. Lorsqu'il découvre ces reliques sacrées, Saint Louis est submergé par l'émotion et fond en larmes.

UN ROI JUSTICIER
Désireux d'assurer à tous une bonne justice, Saint Louis fait réaliser une Grande Enquête en 1247 pour recueillir toutes les réclamations de ses sujets. Dans son royaume, il résout avec autorité les conflits entre les grands seigneurs et interdit les guerres entre ses vassaux. Il est aussi choisi comme arbitre pour maintenir la paix en Savoie, en Franche-Comté et en Lorraine.

1223-1226

1214
Naissance à Poissy

RÈGNE DE LOUIS VIII

1226
Début de règne

28

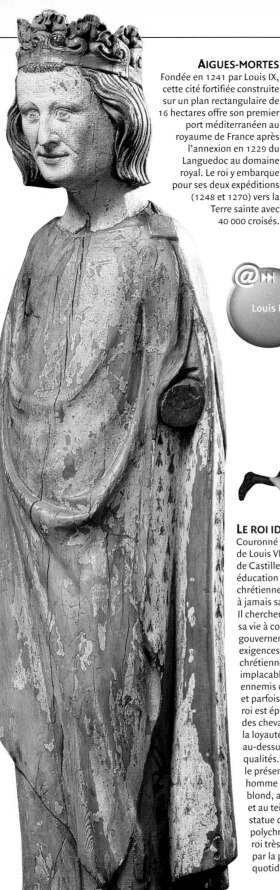

AIGUES-MORTES

Fondée en 1241 par Louis IX, cette cité fortifiée construite sur un plan rectangulaire de 16 hectares offre son premier port méditerranéen au royaume de France après l'annexion en 1229 du Languedoc au domaine royal. Le roi y embarque pour ses deux expéditions (1248 et 1270) vers la Terre sainte avec 40 000 croisés.

@▶▶ Louis IX

La tour de Constance était jugée imprenable avec ses 30 m de haut, 20 m de diamètre et 6 m d'épaisseur de murs !

JOINVILLE (V. 1224-1317)

Jean de Joinville présente à Louis X le Hutin la vie de Saint Louis, son arrière-grand-père. Sénéchal de Champagne, il laisse un portrait vivant de Saint Louis qu'il a accompagné en Egypte lors de la croisade de 1248. Témoin et conseiller, il rédige cette biographie à la demande de la reine Jeanne de Navarre, femme de Philippe le Bel, qui souhaitait que ses fils puissent s'inspirer de la vie du saint roi.

LE ROI IDÉAL

Couronné à 12 ans, le fils de Louis VIII et de Blanche de Castille reçoit une éducation profondément chrétienne qui façonne à jamais sa personnalité. Il cherchera ainsi toute sa vie à conformer son gouvernement aux exigences de la morale chrétienne de son temps, implacable contre les ennemis du Christ. Sérieux et parfois austère, le jeune roi est épris de l'idéal des chevaliers et place la loyauté et le don de soi au-dessus de toutes les qualités. Les chroniqueurs le présentent comme un homme grand, mince, blond, aux yeux bleus et au teint clair. Cette statue qui était autrefois polychrome montre un roi très mince, fragilisé par la pratique quotidienne de l'ascèse.

LA PRISE DE DAMIETTE (1249)

Brillante dans les premiers mois avec la prise de Damiette (1249), en Egypte, la septième croisade se termine en désastre avec la défaite de Mansourah (1250) et la captivité du roi. Saint Louis organise la huitième croisade (1270) mais il meurt à Tunis, deux mois après son départ de France.

1270-1285

1248-1252
Première croisade
de Saint Louis

1270
Mort à Tunis

RÈGNE DE PHILIPPE III LE HARDI

29

PHILIPPE IV LE BEL, LE MODERNISATEUR

Petit-fils de Saint Louis, Philippe IV le Bel monte sur le trône à 17 ans après la mort de son père Philippe III le Hardi (1285). Brillant administrateur, il apparaît aux yeux des chroniqueurs de son temps comme un roi énigmatique et maladivement calculateur. Or, le jeune souverain possède les qualités d'un grand roi et s'entoure de conseillers habiles pour mettre en place les structures d'un État moderne. En trente ans, la royauté se libère de l'emprise du pouvoir religieux et des traditions féodales. Son règne agité est l'incontestable apothéose de la dynastie des Capétiens directs qui s'éteint en 1328, quatorze années seulement après sa mort. En effet ses fils n'auront aucune succession masculine.

LES ROIS MAUDITS
Ce paisible portrait de famille cache un scandale qui mit en péril la monarchie. Dénoncées en 1314, les trois belles-filles de Philippe le Bel sont arrêtées pour adultère. Les trois prochains rois de France sont humiliés : la dynastie capétienne vacille pendant quelques mois.

Sacré en 1322, Charles IV le Bel se marie trois fois mais il n'aura que des filles.

Philippe le Bel

Philippe V le long règne de 1316 à 1322 sans pouvoir assurer de descendance masculine.

Reine d'Angleterre depuis son mariage avec Edouard II, Isabelle a un fils, le futur Edouard III d'Angleterre, qui pourrait prétendre à la couronne de France.

L'HOMME DE MARBRE
Ce gisant qui domine le tombeau de Philippe le Bel dans la nécropole royale de Saint-Denis rappelle la description du roi par l'un de ses opposants, Bernard Saisset : «Ce n'est ni un homme ni une bête. C'est une statue.» Méfiant y compris vis-à-vis de ses propres réactions, Philippe le Bel ne montre jamais ses sentiments et déteste les emportements. Par peur de perdre son contrôle, il ne négocie pas lui-même mais délègue ce rôle à ses conseillers.

L'AFFAIRE DES TEMPLIERS
Opportuniste, Philippe le Bel combat les Templiers, ordre militaire et religieux croisé, dont la puissance et la richesse l'inquiètent. Accusés de pratiques non chrétiennes, les Templiers sont arrêtés dans leurs commanderies en 1307 et leurs biens sont confisqués. Le roi fait dissoudre l'ordre par le pape en 1312 et, après un procès partial durant lequel les accusés sont torturés, il fait brûler de nombreux Templiers dont Jacques de Molay, le grand maître de l'ordre.

1270-1285

Philippe le Bel, roi de France, trône au milieu de ses enfants et de son frère.

LA POLITIQUE EXTÉRIEURE

Contrairement à son père Philippe III le Hardi, Philippe le Bel préfère imposer sa souveraineté en France plutôt que de rêver à d'improbables conquêtes européennes. Effrayé à l'idée d'être fait prisonnier, il participe rarement aux combats à l'exception de la bataille de Mons-en-Pévèle (1304) contre le comte de Flandre où il est ici représenté. Revanche française après le désastre de Courtrai (1302), cette victoire est le premier pas vers la soumission des Flandres.

FAUX-MONNAYEUR OU HABILE FINANCIER ?

Depuis Saint Louis, le roi a le privilège de battre monnaie à sa guise. Mais Philippe le Bel en abuse en utilisant un stratagème pour augmenter ses revenus. Le principe de l'opération est simple : le roi diminue six fois en 15 ans la teneur en métal précieux des pièces tout en leur conservant la même valeur. La différence de métal est récupérée pour créer de nouvelles monnaies.

Frère cadet de Philippe IV, Charles de Valois est le père du futur Philippe VI qui montera sur le trône après la mort de ses trois cousins (1328).

Fils aîné, Louis X le Hutin est roi entre 1314 et 1316. Dauphin du royaume, son fils posthume, Jean Ier, meurt à 5 jours.

JEANNE DE NAVARRE

Jeanne de Navarre apporte la Navarre et la Champagne en dot au roi et donne naissance à sept enfants. Cinq d'entre eux vont régner sur une cour européenne : Louis X, Philippe V et Charles IV sur le trône de France, Marguerite, femme de Ferdinand IV, en Castille, et Isabelle de France, qui épouse Edouard II d'Angleterre.

Relique du doigt de Saint Louis

PETIT-FILS D'UN SAINT

Désirant valoriser le lignage capétien, Philippe le Bel offre la majorité des reliques de Saint Louis aux rois européens et aux abbayes. Conscient de son propre statut divin, il estime n'avoir de comptes à rendre qu'à Dieu et s'oppose plusieurs fois aux papes. Il se réconcilie avec Boniface VIII lors de la canonisation de son grand-père en 1297 puis impose le Français Clément V et l'installe à Avignon où les papes résideront jusqu'en 1377.

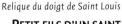

1314-1316

CHARLES V, LE SAGE

Troisième représentant de la famille des Valois après Philippe VI et Jean II, Charles V apprend son métier de roi dans la difficulté. Premier dauphin de l'histoire de France, il est confronté à 20 ans à la captivité de son père, Jean II, prisonnier des Anglais après le désastre de Poitiers (1356). Dans une atmosphère de guerre civile, il doit faire face à la révolte des bourgeois de Paris, initiée par le prévôt des marchands Étienne Marcel en 1358, et aux sanglantes révoltes paysannes. Héritant d'une situation très difficile après les premiers combats douloureux de la guerre de Cent Ans, Charles V parvient habilement à rétablir la situation. Il s'entoure de conseillers dévoués, issus de la bourgeoisie, qui seront rappelés en 1388 par son fils Charles VI et seront surnommés les Marmousets.

PHILIPPE VI (1293-1350)
Le sceau des rois, comme celui de Philippe VI, grand-père de Charles V, est la signature authentifiant les actes royaux. Le roi y est présenté en majesté avec ses attributs traditionnels (sceptre, main de justice). Neveu de Philippe le Bel, Philippe VI devient le premier roi de la dynastie des Valois en 1328. Par ce choix, Edouard III d'Angleterre, neveu de Charles IV par sa mère Isabelle, est écarté de la succession. Le règne de Philippe VI est assombri par les premières défaites de la guerre de Cent Ans, les disettes et la Peste noire (1348).

UN JEUNE SOUVERAIN DANS LA TOURMENTE
Commencée en 1337, juste avant la naissance du futur Charles V, la guerre de Cent Ans débute par le désastre de Crécy en 1346 où l'armée française est taillée en pièces par les archers anglais. Charles V abandonne les grandes armées pour de petites troupes mobiles mieux adaptées aux escarmouches rapides. Cette tactique est largement payante. En 1380, les Anglais ne tiennent plus que Calais, Cherbourg, Brest, Bordeaux et Bayonne.

UN ROI MODÈLE
Inspiré par la vie de Saint Louis, Charles V est un modèle d'équilibre, épris de culture et protecteur des savants et des artistes. Très faible physiquement, le nouveau roi est atteint d'une infirmité à la main droite qui l'empêche de combattre ou de manier l'épée comme ses ancêtres chevaliers. Aucun souverain de la France médiévale n'a été autant et si fidèlement représenté que lui. Reconnaissable à son long nez et à sa longue chevelure, Charles V est le premier roi à faire placer des portraits à sa gloire dans tout Paris. Cette statue et celle de sa femme accueillaient les fidèles à l'entrée de l'église des Célestins, d'autres étaient placées au Louvre, à la Bastille ou au Châtelet.

1328-1350	1338	1350-1364
RÈGNE DE PHILIPPE VI	Naissance à Vincennes	RÈGNE DE JEAN II LE BON

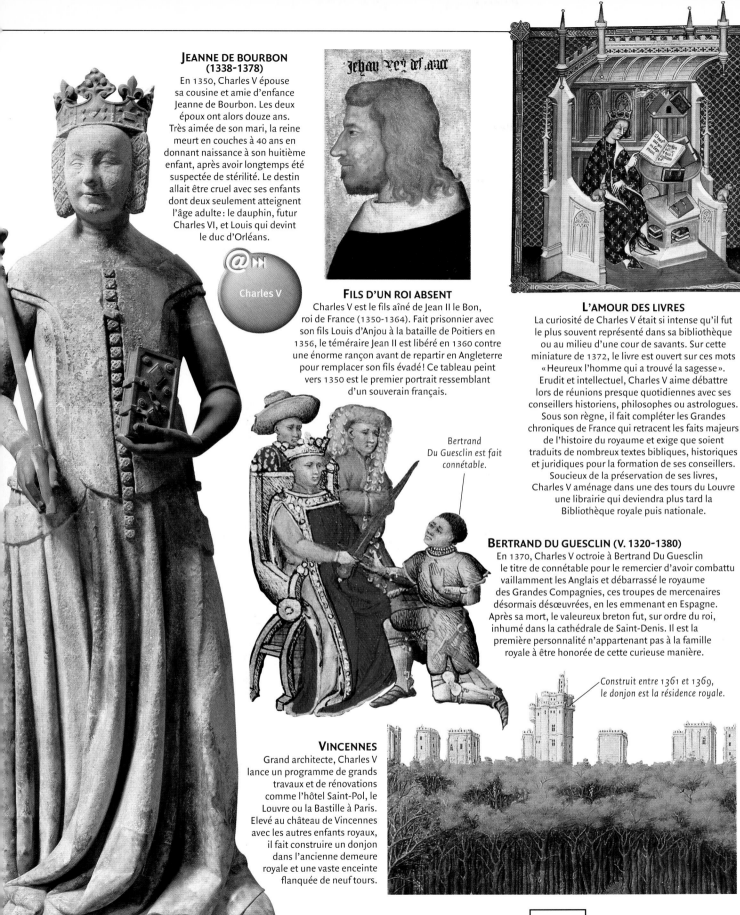

JEANNE DE BOURBON
(1338-1378)

En 1350, Charles V épouse sa cousine et amie d'enfance Jeanne de Bourbon. Les deux époux ont alors douze ans. Très aimée de son mari, la reine meurt en couches à 40 ans en donnant naissance à son huitième enfant, après avoir longtemps été suspectée de stérilité. Le destin allait être cruel avec ses enfants dont deux seulement atteignent l'âge adulte : le dauphin, futur Charles VI, et Louis qui devint le duc d'Orléans.

@ ▶▶
Charles V

FILS D'UN ROI ABSENT

Charles V est le fils aîné de Jean II le Bon, roi de France (1350-1364). Fait prisonnier avec son fils Louis d'Anjou à la bataille de Poitiers en 1356, le téméraire Jean II est libéré en 1360 contre une énorme rançon avant de repartir en Angleterre pour remplacer son fils évadé ! Ce tableau peint vers 1350 est le premier portrait ressemblant d'un souverain français.

L'AMOUR DES LIVRES

La curiosité de Charles V était si intense qu'il fut le plus souvent représenté dans sa bibliothèque ou au milieu d'une cour de savants. Sur cette miniature de 1372, le livre est ouvert sur ces mots « Heureux l'homme qui a trouvé la sagesse ». Erudit et intellectuel, Charles V aime débattre lors de réunions presque quotidiennes avec ses conseillers historiens, philosophes ou astrologues. Sous son règne, il fait compléter les Grandes chroniques de France qui retracent les faits majeurs de l'histoire du royaume et exige que soient traduits de nombreux textes bibliques, historiques et juridiques pour la formation de ses conseillers. Soucieux de la préservation de ses livres, Charles V aménage dans une des tours du Louvre une librairie qui deviendra plus tard la Bibliothèque royale puis nationale.

Bertrand Du Guesclin est fait connétable.

BERTRAND DU GUESCLIN (V. 1320-1380)

En 1370, Charles V octroie à Bertrand Du Guesclin le titre de connétable pour le remercier d'avoir combattu vaillamment les Anglais et débarrassé le royaume des Grandes Compagnies, ces troupes de mercenaires désormais désœuvrées, en les emmenant en Espagne. Après sa mort, le valeureux breton fut, sur ordre du roi, inhumé dans la cathédrale de Saint-Denis. Il est la première personnalité n'appartenant pas à la famille royale à être honorée de cette curieuse manière.

Construit entre 1361 et 1369, le donjon est la résidence royale.

VINCENNES

Grand architecte, Charles V lance un programme de grands travaux et de rénovations comme l'hôtel Saint-Pol, le Louvre ou la Bastille à Paris. Elevé au château de Vincennes avec les autres enfants royaux, il fait construire un donjon dans l'ancienne demeure royale et une vaste enceinte flanquée de neuf tours.

1380-1422

1364
Début du règne

1380
Mort à Nogent-sur-Marne

RÈGNE DE CHARLES VI

CHARLES VI, UN ROI FOU DANS LA GUERRE DE CENT ANS

Sacré roi de France à 11 ans, un mois après la mort de Charles V, le jeune souverain hérite d'un royaume reconquis par son père. Mais ses oncles ambitieux revendiquent le trône et imposent leur présence auprès du jeune roi. Commencé dans la gloire du sacre de Reims, son long règne de quarante-deux ans s'achève avec le traité de Troyes qui livre le royaume à l'Angleterre en 1420. Devenu fou à 24 ans, Charles VI ne gouverne que par intermittence et entraîne le pays dans la confusion et la guerre civile.

SOUS LA COUPE DE SES ONCLES
Après la mort de Charles V, ses quatre frères ambitieux (les ducs d'Anjou, de Berry, de Bourgogne et de Bourbon) forment un conseil de régence et exercent le véritable pouvoir. Omniprésents, les ducs de Berry (en noir) et de Bourgogne (en rouge) sont représentés auprès du jeune roi sur cette miniature du XVe siècle. En 1388, Charles VI renvoie ses oncles pour les remplacer par les Marmousets, les anciens conseillers de son père. Mais ces derniers seront à leur tour congédiés par les oncles du roi après les premiers signes de sa folie.

Manteau de satin bleu recouvert de 200 lys d'or. Imposé par Charles V, le fermail du sacre est un losange doré bordé de 40 perles.

ROBUSTE ET FRAGILE À LA FOIS
Adolescent vigoureux et adroit, bon cavalier, Charles VI se passionne pour la joute et les récits de chevalerie. Lors d'une chasse en 1381, un cerf se rend à lui sans fuir. Il le marque d'une fleur de lys, lui offre la liberté et adopte pour emblème un cerf volant couronné. Mais cet homme robuste qui aime combattre lors des tournois est d'une extrême fragilité mentale. Lors de ses crises, il hurle, gesticule, refuse de manger, de se laver ou reste apathique pendant plusieurs semaines avant de retrouver la raison. Malgré sa folie, Charles VI ne fut jamais l'objet de moqueries de la part de son peuple. Ce dernier se prend au contraire d'affection pour ce roi souffrant et le surnomme Charles le Bien-Aimé.

1364-1380

RÈGNE DE CHARLES V

1368
Naissance à Paris

1380
Début du règne

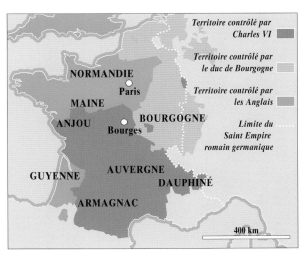

ISABEAU, DE L'AMOUR À LA HAINE (1371-1435)

En 1385, la jeune Isabeau de Bavière séduit le roi qui l'épouse trois jours après leur première rencontre. Ce conte de fées prend fin brutalement avec la démence de Charles VI. La reine rejetée et, dit-on, volage, se lie avec le duc de Bourgogne, Philippe le Bon, et fomente le traité de Troyes (1420) qui offre les clés du royaume aux Anglais. Isabeau écarta de la succession son propre fils, le dauphin Charles, au profit de son gendre anglais Henri V d'Angleterre, mari de sa fille Catherine.

Sculpture en cire polychrome

LA CRISE DE LA FORÊT DU MANS (1392)

Cette miniature du XVe siècle illustre les premiers signes de démence du roi survenus dans la forêt du Mans en 1392. Après avoir été averti par un illuminé d'une prochaine trahison, Charles VI est effrayé par le fracas d'une lance qui tombe accidentellement sur un casque. Il tue alors plusieurs hommes de sa garde et attaque son frère, le duc d'Orléans. Un an plus tard, lors du Bal des Ardents, le roi assiste à la mort accidentelle de plusieurs de ses compagnons, brûlés vifs sous ses yeux. Charles VI bascule définitivement dans la folie.

AZINCOURT (1415)

Indisciplinée, mal commandée, formée de lourds chevaliers, l'armée de Charles VI est criblée de flèches par les archers anglais dans la plaine d'Azincourt en 1415. Les Français perdent plus de 3 000 hommes. Ce désastre scelle la défaite française dans la guerre de Cent Ans et ébranle les fondements de la monarchie car une grande partie de la grande noblesse y a trouvé la mort.

@IN
Guerre
de Cent Ans

Grand arc en bois d'if de la taille de l'archer

LES OBSÈQUES DE CHARLES VI (1422)

En novembre 1422, le cortège funéraire de Charles VI parcourt les rues de Paris pour rejoindre Saint-Denis. Un mannequin représentant le roi est placé sur le cercueil. Le cortège est suivi par le duc anglais de Bedford, devenu régent du royaume par le traité de Troyes (le véritable prétendant, Henri VI, est encore au berceau). Symbole de cette époque troublée, les Grands du royaume, ducs de Bourgogne et de Bretagne, sont absents de la cérémonie ainsi que le dauphin Charles, exilé et déshérité !

LES TROIS FRANCE

A la mort de Charles VI, la France est divisée en trois : les Anglais dominent l'Ile-de-France, la Normandie, la Guyenne et le Maine. Charles VII conserve sous son contrôle le Sud-Ouest, la Saintonge, le Dauphiné, l'Auvergne, le Bourbonnais, l'Anjou, la Touraine, l'Orléanais, le Poitou, le Berry et la Marche. Le troisième royaume est celui de Philippe le Bon, duc de Bourgogne, dont les terres s'étendent sur le centre-est de la France.

Territoire contrôlé par *Charles VI*

Territoire contrôlé par *le duc de Bourgogne*

Territoire contrôlé par *les Anglais*

Limite du Saint Empire romain germanique

NORMANDIE
Paris
MAINE
ANJOU   BOURGOGNE
Bourges
GUYENNE   AUVERGNE
             DAUPHINÉ
ARMAGNAC

400 km

1422-1461

1420 Traité de Troyes par lequel Charles VI cède la France aux Anglais.

1422 Mort à Paris

RÈGNE DE CHARLES VII

CHARLES VII, LE VICTORIEUX

Onzième enfant de Charles VI et d'Isabeau de Bavière, cinquième fils du couple royal, Charles avait très peu de chances de monter un jour sur le trône. Il régna cependant 39 ans! Dauphin contesté d'un roi fou et d'une mère détestée, prince sans royaume et sans couronne, Charles VII souffre d'une personnalité tourmentée et indécise. Mais, grâce au soutien de Jeanne d'Arc, le petit roi de Bourges va reconquérir miraculeusement son titre et son territoire, boutant les Anglais hors de France. Après avoir défait ses ennemis extérieurs, Charles VII sort vainqueur de la Praguerie, une révolte fomentée par les grands vassaux et son propre fils, le futur Louis XI!

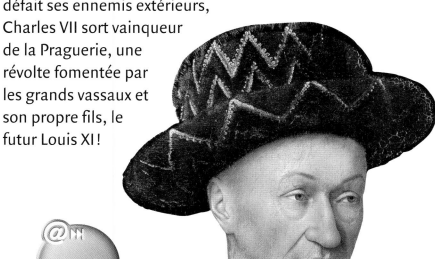

Charles VII

LE ROI NU
Chassé de Paris en 1418, Charles VII est rapidement surnommé le soi-disant dauphin ou le petit roi de Bourges. Cette gravure symbolise sa faiblesse en le représentant en butte aux moqueries des seigneurs anglais. Isolé dans la capitale du Berry, Charles VII organise un gouvernement mais ne parvient pas, dans les premières années de son règne, à asseoir son autorité sur la Cour.

LE SACRE (17 JUILLET 1429)
Jeanne d'Arc reprend Auxerre, Troyes et Châlons aux Anglais puis elle fait sacrer Charles VII à Reims, le 17 juillet 1429. Sur cette miniature contemporaine, le roi est représenté lors de son couronnement entouré par les pairs du royaume. Le 16 décembre 1431, le jeune prétendant anglais Henri VI est sacré à son tour roi de France à Notre-Dame de Paris!

CHARLES LE BIEN-SERVI
Prototype du portrait officiel qui fleurit à partir de la Renaissance, ce célèbre tableau de Jean Fouquet, réalisé vers 1450, rend gloire au «très victorieux roi de France». Peu séduisant malgré cette mise en scène avantageuse, Charles VII y apparaît mélancolique et chétif. Souffrant d'une personnalité triste, le nouveau roi est un personnage terne et effacé. Dominé dans la première partie de son règne par des conseillers peu inspirés, il jouit ensuite du soutien bénéfique de Jeanne d'Arc, du financier Jacques Cœur, de sa maîtresse Agnès Sorel et de sa belle-mère Yolande d'Aragon. Le roi falot se transforme en restaurateur de la monarchie.

1380-1422			
RÈGNE DE CHARLES VI	1403 Naissance à Paris	1422 Début du règne	1429 Sacre à Reims

Armure française du
milieu du XVe siècle

LA RECONQUÊTE

En 1435, Charles VII s'allie avec Philippe le Bon, duc de Bourgogne, par le traité d'Arras pour combattre plus efficacement les occupants anglais. Ces derniers sont successivement chassés de Picardie, de Normandie (1450) et du Sud-Ouest (1453), y compris la Guyenne où les Anglais sont installés depuis trois siècles. Cette reconquête scelle la fin de la guerre de Cent Ans.

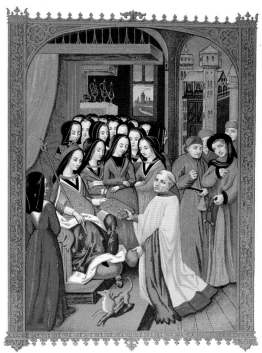

LA FAMILLE DU ROI

Fille du roi de Naples et épouse de Charles VII depuis 1422, Marie d'Anjou qui reçoit dans cette scène un livre est une reine pieuse et effacée. Elle a 14 enfants, de santé plutôt fragile, dont le futur Louis XI qui la protège contre sa rivale Agnès Sorel. Marie d'Anjou s'éteint en 1463 en revenant d'un pèlerinage à Saint-Jacques-de-Compostelle.

JACQUES CŒUR (1395-1456)

Le somptueux palais de Jacques Cœur, à Bourges, témoigne du prestige du grand argentier de Charles VII. Marchand mais aussi banquier, armateur, industriel et maître de mines, il réorganise les finances du royaume pour aider le roi dans sa reconquête. Après la mort d'Agnès Sorel dont il était le confident, il devient la cible des courtisans et le roi le fait condamner, sans grande reconnaissance, pour des malversations financières. Il s'évade et meurt sur l'île grecque de Chio en 1456.

AGNÈS SOREL, L'AMOUR DE SA VIE (1422-1450)

Maîtresse officielle du roi pendant sept ans, Agnès Sorel lui donne 4 enfants et l'influence de manière très bénéfique pour le royaume. Inspiratrice de la reconquête et du renouveau économique, elle est détestée par le dauphin, futur Louis XI, qui la poursuit l'épée à la main et fut même accusé de l'avoir empoisonnée.

JEANNE D'ARC (1412-1431)

Cette tapisserie du XVe siècle retrace l'arrivée à Chinon de Jeanne d'Arc, en 1429. Elle vient convaincre Charles VII de lui donner un commandement pour délivrer Orléans et le faire sacrer à Reims. Capturée une année plus tard par des soldats bourguignons lors du siège de Compiègne, Jeanne est livrée aux Anglais, sans que l'ingrat Charles VII essaie de l'arracher à cette captivité. Après un procès partial, elle est condamnée comme sorcière et brûlée vive à Rouen le 30 mai 1431.

Charles VII

Jeanne d'Arc

1461-1483

1461
Mort à Mehun-sur-Yèvre,
près de Bourges

Règne de Louis XI

LOUIS XI, LE MAL-AIMÉ

Prince rebelle, très impatient de régner, le futur Louis XI est exilé par Charles VII en Dauphiné en 1447. En conflit avec son père, il doit se réfugier en 1456 dans les états de Bourgogne où il développe son goût naturel pour le pouvoir et les manœuvres politiques. Devenu roi en 1461, à 38 ans, le nouveau souverain s'avère un homme d'État responsable, aux méthodes controversées mais au génie politique évident. Lors de ses 22 années de règne, il assainit les finances du royaume et panse les ravages de la guerre de Cent Ans. Dernier grand roi du Moyen Âge, il rattache à la couronne la Bourgogne et la Picardie, l'Anjou, le Maine et la Provence.

PEU SÉDUISANT MAIS EFFICACE

Le futur Louis XI grandit solitaire dans le château de Loches où il reçoit une éducation chevaleresque et courtoise. Monté tardivement sur le trône, ce souverain suspicieux choisit de gouverner seul et écarte les Grands du royaume pour s'entourer de conseillers issus de la bourgeoisie ou du peuple. Expert dans l'art de séduire et de feindre, il étend le domaine royal, renforce son armée et développe le commerce en favorisant la création de foires.

Louis XI

Anne de Beaujeu

Charles VIII

UNE SUCCESSION DIFFICILE

Après son premier mariage avec Marguerite d'Ecosse, Louis XI épouse Charlotte de Savoie en 1451. Elle lui donne 7 enfants dont trois vont survivre. L'aînée, Anne de Beaujeu, qui exercera la régence après la mort de son père, la cadette, Jeanne de France, qui épousera le futur Louis XII, et Charles, l'héritier attendu près de 19 ans par ses parents. Cette scène présente le dévot Louis XI s'inclinant devant saint François de Paule en présence du dauphin et de sa sœur Anne.

CHASSEUR ÉMÉRITE

Les seules passions de Louis XI sont la chasse à courre et la fauconnerie. Il achète à prix d'or ses oiseaux et ses lévriers dans toutes les provinces du royaume et en Espagne. Les livres de comptes de son règne font apparaître des sommes considérables pour l'entretien de ses meutes et l'achat de proies. Devenu trop vieux pour chasser, Louis s'amusait à lâcher des rats dans sa chambre puis ses chiens à leur poursuite.

« Celui qui ne sait pas dissimuler, ne sait pas régner. »

1422-1461

RÈGNE DE CHARLES VII

1423
Naissance à Bourges

1447-1461
Exil

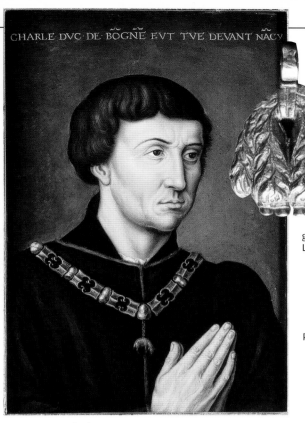

CHARLE·DVC·DE·BOGNE·EVT·TVE·DEVANT·NACY

LA TOISON D'OR

Ce bijou est l'insigne de la Toison d'or, un ordre de chevalerie créé par Philippe le Bon en 1430 et formé à l'origine de 24 chevaliers (passé à 30 puis 50 à partir de 1516) et de 4 officiers. Il représente un bélier attaché par une chaîne d'or, formée alternativement de pierres à feu et de plaques stylisées en forme de B (Bourgogne). L'appartenance à cet ordre prestigieux était le principal signe de reconnaissance des vassaux du duc, grand maître de l'ordre. Pour le concurrencer, Louis XI créa l'ordre de Saint-Michel en 1469.

CATHOLIQUE FERVENT

Roi très chrétien, Louis XI devient de plus en plus dévot à la fin de sa vie. Sa foi se manifeste par une grande générosité envers les plus pauvres, des prières et des messes quotidiennes ainsi que des dons aux églises et abbayes. Il offre ainsi cet ostensoir gothique à l'église de Halle (Belgique) où son fils Joachim est enterré en 1459.

CHARLES LE TÉMÉRAIRE (1433-1477)

Dans la seconde partie du XVe siècle, les puissants ducs de Bourgogne contestent l'autorité du roi de France. En conflit avec son père, Louis XI est protégé par Philippe le Bon (1396-1467) qui l'accueille à sa cour pendant cinq ans (1456-1461). Devenu roi, Louis XI combattra le fils de son protecteur, Charles le Téméraire, représenté sur ce tableau, et rattachera définitivement la Bourgogne au royaume en 1477.

PHILIPPE DE COMMYNES (1447-1511)

Sur cette enluminure de 1500, Philippe de Commynes offre à Louis XI ses *Mémoires* qui retracent son règne et celui de Charles VIII. Chambellan de Philippe le Téméraire, il se met au service de Louis XI en 1472. Ses analyses subtiles et critiques font de lui non plus un simple chroniqueur mais l'un des premiers historiens de France.

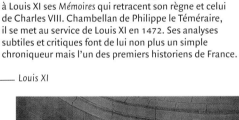

Philippe de Commynes

Louis XI

UN ROI ITINÉRANT

Voyageur inlassable, Louis XI ne cesse de se déplacer pour ses chasses, ses pèlerinages ou ses visites d'inspection. Entre avril 1475 et mars 1476, les chroniqueurs ont recensé 80 gîtes différents! Sentant sa fin approcher, Louis XI se retire dans son château de Plessis-lez-Tours où il meurt en 1483. Craignant d'être assassiné, Louis XI renforce les protections du château et fait placer plus de 400 archers et arbalétriers dans le parc.

SANS PITIÉ POUR SES ENNEMIS

Cette représentation classique des livres d'histoire met en scène Louis XI rendant visite au cardinal Jean Balue tenu reclus dans une cage en bois renforcée de fer (la fillette) au château de Loches. Sans pitié avec ses ennemis et très inquiet à l'idée de voir ses prisonniers s'évader, Louis XI les contraignait même à l'accompagner, enchaînés, dans ses innombrables déplacements.

1483-1498

1461
Début du règne

1483
Mort à Plessis-lez-Tours

RÈGNE DE CHARLES VIII

39

LOUIS XII, LE «PÈRE DU PEUPLE»

Arrière-petit-fils de Charles V, le fougueux Louis d'Orléans s'oppose à Anne de Beaujeu, régente du royaume après la mort de Louis XI. Battu par les partisans de sa cousine, le duc d'Orléans est emprisonné pendant trois ans au château de Lusignan puis à Bourges. Humilié, sans soutien, il monte néanmoins sur le trône en 1498 après la mort accidentelle de Charles VIII et règne 17 ans. Comme son prédécesseur, il se lance dans les guerres d'Italie avec panache mais sans grands succès durables. Moins brillant que son beau-père Louis XI et que son gendre François Ier, Louis XII est très populaire pour sa bonté, son équité ainsi que pour son administration sage et économe du royaume. Il choisit comme armoirie le porc-épic, emblème d'un ordre de chevalerie créé par son grand-père, Louis d'Orléans.

Cette miniature est issue d'une série d'illustrations commentées par le poète officiel Jean Marot, père de Clément.

CHARLES VIII (1470-1498)

A la mort de son père en 1483, le fils de Louis XI n'est âgé que de 13 ans. Anne de Beaujeu gouverne alors, selon les dernières volontés de son père, jusqu'à la majorité de Charles. Marié en 1491 avec Anne de Bretagne, héritière d'un duché très convoité, Charles VIII écarte sa sœur la même année. En 1498, le nouveau souverain meurt accidentellement en se cognant le front contre le linteau d'une porte de son château d'Amboise. Aucun de ses enfants n'ayant survécu, le trône revient à son cousin le duc Louis II d'Orléans qui prend le nom de Louis XII.

LES GUERRES ITALIENNES

Suivi de quatre cardinaux, Louis XII fait une entrée triomphale dans le port italien de Gènes en avril 1507 après une brillante campagne. Cette scène, immortalisée par le Tourangeau Jean Bourdichon, enlumineur de la Cour de France, symbolise le rêve italien poursuivi par Charles VIII, Louis XII puis François Ier. Morcelée en de nombreux petits royaumes prospères, l'Italie semblait une proie facile pour les rois de France. Mais, malgré les exploits de Bayard, le «chevalier sans peur et sans reproche» qui combat au côté de Louis XII et de son successeur, les Français ne parviennent pas à s'imposer sur les champs de bataille. Ce mirage politique ne sera cependant pas sans conséquence : séduits par la beauté de la Renaissance artistique italienne, les rois de France l'importeront dans leur royaume.

ROI AIMÉ ET JUSTICIER

Ce tableau du XIXe siècle rappelle les états généraux de Tours (1506) où Louis XII fut solennellement proclamé «Père du peuple». Lors de cette même réunion, le roi fait officialiser le prochain mariage de Claude de France, sa fille, avec son cousin François d'Angoulême, héritier probable du royaume. Les états généraux ont été réunis pour la première fois par Philippe le Bel en 1302. Pendant ces assemblées, le souverain cherche à obtenir le soutien des représentants du clergé, de la noblesse et de la bourgeoisie tandis que ces derniers font part de leurs requêtes ou affirment leur fidélité au roi.

1483-1498

1462
Naissance à Blois

1488-1491
Prison

RÈGNE DE CHARLES VIII

Louis XII

LE SACRE DE LOUIS XII

Second personnage du royaume dans l'ordre dynastique, Louis d'Orléans est victime dans sa jeunesse de la haine de Louis XI, son parrain, qui l'oblige à épouser sa fille Jeanne de France, handicapée et stérile. Le roi machiavélique espère ainsi éviter toute descendance de la branche des Orléans. A la mort de son jeune cousin Charles VIII, Louis XII est sacré à Reims le 27 mai 1498 à 35 ans. Après une vie dissolue dans ses jeunes années, le nouveau roi s'assagit, assure la prospérité du royaume et améliore le fonctionnement de la justice par la Grande ordonnance de Blois (1499).

MARIE TUDOR

En octobre 1514, Marie Tudor, fille du roi d'Angleterre Henri VII et sœur du futur Henri VIII, devient la troisième épouse de Louis XII. Trois mois après son mariage, épuisé par ces festivités, le roi meurt sans descendance mâle : la loi salique désigne son gendre et cousin, François de Valois, comte d'Angoulême.

ANNE DE BRETAGNE (1477-1514)

Sur cette miniature du XVIᵉ siècle, la reine de France Anne de Bretagne reçoit des mains du poète Jean Marot son récit des guerres italiennes. Veuve du roi Charles VIII, Anne de Bretagne se marie avec Louis XII en 1499 après l'annulation du premier mariage de ce dernier. De cette union naîtra Claude de France, future épouse de François Iᵉʳ. La Bretagne sera rattachée officiellement à la France sous François Iᵉʳ en 1532.

LA COUR S'INSTALLE À BLOIS

Né à Blois, propriété des ducs d'Orléans depuis 1392, Louis XII scelle l'union de la ville à la royauté en la choisissant comme capitale. L'aile du château, construite à la fin du XVᵉ siècle, témoigne de l'introduction de la Renaissance italienne dans le royaume de France. Remanié par Louis XII, François Iᵉʳ et Gaston d'Orléans (frère de Louis XIII), ce château sera le théâtre de l'assassinat du duc de Guise sur ordre du roi Henri III (page 45).

Premier exemple de galerie Renaissance en France

1515-1547

FRANÇOIS Iᵉʳ, LE CHEVALIER MÉCÈNE

Gendre et cousin du roi Louis XII, mort sans héritier, François d'Angoulême monte sur le trône en 1515. La même année, ce jeune prince fougueux remporte la prestigieuse bataille de Marignan et s'ouvre les portes de l'Italie. Commencé dans la gloire, son règne sera assombri par ses défaites militaires et diplomatiques face à Charles Quint, son rival majeur en Europe. Séduit par la civilisation italienne, ce prince de la Renaissance s'entoure d'une cour brillante admirée dans l'Europe entière, protège les artistes et initie les collections royales. Bon administrateur, il impose le français comme langue officielle dans les actes officiels par l'ordonnance de Villers-Cotterêts (1539) ainsi que la tenue, dans les paroisses, de registres des baptêmes et des enterrements.

LA SALAMANDRE
Emblème de la famille d'Angoulême, la salamandre est conservée comme symbole par le roi à son avènement. Capable de régénérer totalement ses membres et sa queue, cet amphibien avait la fausse réputation de pouvoir survivre dans le feu.

LE DUEL CONTRE CHARLES QUINT (1500-1558)
Candidat contre François Iᵉʳ au trône d'empereur du Saint Empire romain germanique, Charles Iᵉʳ, roi des Pays-Bas à 6 ans et d'Espagne à 16 ans, est élu et prend le nom de Charles Quint. Maître d'immenses territoires, il s'oppose au roi de France et remporte la bataille de Pavie où François Iᵉʳ est capturé. Ce dernier doit abandonner l'Italie et la Bourgogne, payer une rançon considérable et laisser ses deux fils en otages. Mais, après sa libération, François Iᵉʳ renie le traité et fait scandale en s'alliant avec les protestants allemands et les Turcs contre Charles Quint.

LE ROI CHEVALIER
Souverain courageux à l'âme chevaleresque, François Iᵉʳ aime se faire représenter sur ses plus beaux étalons. En 1515, François Iᵉʳ participe avec panache au combat contre les mercenaires suisses, payés par le duc de Milan pour protéger son territoire convoité par le roi français. Il écrira à sa mère : « Nous avons été vingt-huit heures à cheval, sans boire ni manger. » Après la victoire contre les Suisses à Marignan, le 13 septembre 1515, le jeune roi avait demandé à être armé chevalier par le glorieux Pierre de Bayard. Le rituel est rare à cette époque mais il séduit François, épris de l'idéal romanesque de ses aïeux chevaliers.

François Iᵉʳ

« Car tel est notre bon plaisir. »

1498-1515

CHAMBORD

Commencé en 1519, le château de Chambord, dont l'architecte inconnu pourrait être François Ier en personne, est l'un des symboles de la Renaissance française. Joyau architectural, vaste rectangle de 117 m sur 156 constitué de 440 pièces et surmonté de 365 cheminées, le château est célèbre pour son escalier à claire-voie et à double vis. Domaine dédié principalement à la chasse, Chambord n'est que très rarement habité par François Ier qui réside plus fréquemment au Louvre et dans son château de Fontainebleau. Mais le roi de France aime aussi beaucoup parcourir son royaume comme en 1530 où il entame un tour de France de deux ans !

CLAUDE DE FRANCE (1499-1524)

Fille de Louis XII et d'Anne de Bretagne, Claude de France épouse François Ier en 1514 après avoir été promise dans un premier temps à Charles Quint. Elle donne au roi 10 enfants dont le futur Henri II avant de s'éteindre en 1524, épuisée par ses grossesses. En 1530, le roi de France épouse Eléonore d'Autriche, sœur aînée de Charles Quint en gage d'une paix, très éphémère, entre les deux souverains. Très séducteur, le beau souverain multiplie les conquêtes tout au long de sa vie.

UN SOUVERAIN MODERNE

Ce portrait de Jean Clouet représente François Ier dans les premières années de son règne. Fils de Charles d'Orléans, comte d'Angoulême, et de Louise de Savoie, François Ier est élevé à Amboise où il se passionne pour l'équitation, les exercices physiques mais aussi pour les arts et les lettres. Premier grand souverain de l'époque moderne, ce géant vigoureux organise une cour avec les Grands du royaume sur lesquels il exerce une autorité incontestée et qui l'accompagnent lors de ses nombreux déplacements.

Henri VIII fait son entrée dans le château de la ville anglaise de Guînes. Il est accompagné par une suite de 4 000 personnes.

Ville française d'Ardres

François Ier accueille Henri VIII dans cette tente dorée placée au fond du tableau, surmontée d'un saint Michel protecteur.

Son palais de cristal est un édifice créé pour l'occasion en bois et en verre (100 m de long et 40 de haut). Préfabriqué en Angleterre, il a été remonté sur place par une armée de charpentiers.

Tournois de joutes

300 tentes montées pour le roi de France

LE CAMP DU DRAP D'OR

Ce tableau s'inspire de la rencontre entre les rois de France et d'Angleterre (7 au 24 juin 1520) dans la campagne flamande. François Ier souhaite obtenir la neutralité d'Henri VIII dans le conflit qui l'oppose à Charles Quint. Cette entrevue diplomatique se déroule au milieu des tournois, des banquets et des fêtes dans le camp du Drap d'or. Mais cette profusion de luxe déplaît fortement au roi anglais qui préfère s'allier deux semaines plus tard avec Charles Quint.

1547-1559

CATHERINE DE MÉDICIS, MÈRE DE TROIS ROIS

Princesse florentine sans grande fortune, Catherine de Médicis est mal acceptée à la cour après son mariage avec Henri II malgré l'affection que lui porte son beau-père François Ier. Peu séduisante, parlant très mal le français, n'appartenant à aucune cour européenne puissante, Catherine de Médicis connut un destin exceptionnel. Après la mort accidentelle de son mari, cette reine toujours habillée de noir gouverne le royaume au nom de ses fils pendant près de 30 ans. Elle donne 10 enfants à Henri II dont François II (1559-1560), Charles IX (1560-1574) et Henri III (1574-1589) qui règnent successivement sur la France.

SAVANTE ET SUPERSTITIEUSE

Ce cadran solaire florentin en ivoire de 1560 symbolise la passion de Catherine de Médicis pour les sciences exactes. Parallèlement, la reine reste toute sa vie sous l'influence des alchimistes, des mages et des astrologues dont le fameux Nostradamus. Elle les consulte régulièrement lorsqu'elle ne parvient pas à donner un héritier au roi puis, arrivée au pouvoir, pour prendre ses plus importantes décisions politiques.

UNE ITALIENNE SUR LE TRÔNE

Orpheline peu après sa naissance, Catherine de Médicis vit à Florence puis au Vatican sous la protection de son cousin, le pape Clément VII. Soucieux de pouvoir compter sur l'appui du souverain pontife, François Ier marie la jeune princesse à son fils cadet Henri II. Intelligente et cultivée, Catherine de Médicis accepte les infidélités de son mari volage avec sa maîtresse officielle Diane de Poitiers et attend patiemment son heure. Elle n'exercera véritablement le pouvoir qu'en 1560, après la mort de François II. Pragmatique, elle s'appuie à tour de rôle sur les différents partis tout en veillant à ce qu'aucun d'eux ne prenne une place trop conséquente.

Guerre de Religion

HENRI II (1519-1559)

Henri II est sacré roi le 25 juillet 1547 à Reims après la mort de son père François Ier. Son règne de 12 ans est marqué par la prise de Calais aux Anglais, la fin des guerres d'Italie et les premières tensions entre catholiques et protestants. A l'occasion du mariage de sa fille Elisabeth avec Philippe II, roi d'Espagne, Henri II est blessé à la tête lors d'une joute le 30 juin 1559. Malgré l'intervention de l'illustre chirurgien Ambroise Paré, le roi meurt dans d'atroces souffrances à 40 ans seulement.

1559-1560

CHENONCEAU EN FÊTE

Devenue veuve, Catherine de Médicis embellit le château de Chenonceau et y organise des fêtes somptueuses avec concerts de canons et de tambours, jeux d'eau et «feux artificiels». Elle fait notamment construire une galerie à 2 étages sur le pont qui enjambait le Cher pour y abriter de fastueuses réceptions. L'une des plus belles fêtes eut lieu en l'honneur de Charles IX avec la simulation d'un combat naval sur la rivière.

DIANE DE POITIERS (1499-1566)

Diane de Poitiers fut la rivale officielle de Catherine de Médicis pendant plus de 25 ans. Célèbre pour sa beauté, elle exerça sur le roi une influence jamais démentie. Après la mort d'Henri II, Catherine de Médicis la chasse du château de Chenonceau qu'elle avait reçu en cadeau d'Henri II et exige qu'elle lui restitue tous les bijoux offerts par le roi.

Souvent représentée sous les traits de la déesse de la chasse

CHARLES IX (1550-1574)

Inquiet, tourmenté, Charles IX succède à son frère en 1560 et règne 14 ans sous l'influence permanente de sa mère. Il ne parvient pas à apaiser la lutte entre les factions catholique et réformée et laisse le royaume s'embraser dans une guerre civile meurtrière.

Habillée en noir depuis la mort de son mari, Catherine de Médicis regarde des cadavres dénudés près de la porte du Louvre.

Le duc de Guise, chef du parti catholique, contemple le corps du chef protestant Coligny qui vient d'être défenestré et décapité.

FRANÇOIS II (1544-1560)

Le dauphin monte sur le trône à 15 ans après la mort brutale de son père et ne gouverne que quelques mois, victime d'une méningite foudroyante. Mal préparé, il ne peut lutter contre l'affaiblissement du pouvoir royal en butte aux intrigues des Grands du royaume.

LA SAINT-BARTHÉLEMY

Point culminant de la guerre de Religion, ce terrible massacre des protestants eut lieu le 24 août 1572, jour de la Saint-Barthélemy. Il fut ordonné par le roi Charles IX, probablement sur les conseils de sa mère, quelques jours après le mariage de leur chef Henri de Navarre (le futur Henri IV) et de Marguerite de France (la reine Margot), supposé ramener la paix entre catholiques et protestants.

HENRI III (1551-1589)

Roi de Pologne puis de France en 1574, il fait preuve d'un plus grand courage politique que ses deux frères. Opposé aux puissants chefs du parti catholique, il fuit Paris en 1588 et fait assassiner Henri de Guise. Il désigne le protestant Henri de Navarre comme successeur avant d'être victime du moine Jacques Clément.

1560-1574

1574-1589

1589
Mort à Blois

RÈGNE DE CHARLES IX

RÈGNE D'HENRI III

HENRI IV, LE BÉARNAIS

En 1584, le chef du parti protestant Henri de Navarre est désigné comme héritier du trône par le roi Henri III. Mais après l'assassinat de ce dernier, cinq ans plus tard, le fougueux prétendant est rejeté par les Grands du royaume en raison de sa religion. Après plusieurs années de lutte, Henri accepte de se convertir à la foi catholique et se fait sacrer roi à Chartres (1594). Bien conseillé par son ami, le duc de Sully, le premier des Bourbons impose sa dynastie avec autorité sous son apparente bonhomie. Il favorise le développement économique de la France, ruinée par plus de trente ans de guerre civile et impose la paix dans le royaume. Peu aimé de son vivant, le bon roi Henri est devenu très populaire après sa mort.

LE BON ROI HENRI

Chef du parti protestant à 23 ans, roi d'une France profondément catholique à 41 ans, Henri IV parvient grâce à sa personnalité affable et tolérante à unifier le royaume. Sous son règne, la France retrouve la prospérité et connaît même une dizaine d'années de paix civile après la promulgation de l'édit de Nantes (1598). Mais son projet de mener une guerre contre l'empereur d'Autriche inquiète les catholiques les plus radicaux. Le 14 mai 1610, Henri IV est poignardé par deux fois dans son carrosse par François Ravaillac. Ce dix-huitième attentat perpétré contre le bon roi Henri lui sera fatal.

UNE ÉDUCATION MIXTE

Né au château de Pau, Henri de Navarre est envoyé en 1561 à Paris pour être élevé avec les autres princes de sang. La discipline est sévère : les mauvais élèves doivent s'agenouiller sur des grains de blé en tenant des livres à bout de bras. A 12 ans, Henri est rappelé par sa mère Jeanne d'Albret dans son Béarn natal où il reçoit une éducation plus rustique. Il se passionne pour les exercices physiques, le jeu de paume et l'équitation.

L'ÉDIT DE NANTES

Le 13 avril 1598, Henri IV promulgue l'édit de Nantes qui accorde aux protestants la liberté de conscience, une liberté de culte limitée, l'égalité civile, et leur concède des places de sûreté et des villes comme La Rochelle, Nîmes ou Montpellier. Le royaume retrouve la paix religieuse.

1553
Naissance à Pau

1574-1589

RÈGNE D'HENRI III
dernier des Valois

1589
Début du règne

46

PROCHE DE SES ENFANTS

Depuis le mariage avec Marie de Médicis qui donne 4 héritiers au roi, la dynastie des Bourbons est sauvée. Roi et père comblé, Henri IV aime beaucoup ses enfants et tout particulièrement le dauphin, le futur Louis XIII. Il lui rend visite régulièrement dans le château de Saint-Germain-en-Laye et l'emmène nager avec lui dans la Seine.

GABRIELLE D'ESTRÉE (1571-1599)

Séducteur invétéré, Henri IV multiplie les conquêtes dont la plus célèbre est Gabrielle d'Estrée. Issue d'une famille de grande noblesse picarde, elle devient la favorite du roi à 17 ans. Elle lui donne trois enfants avant de mourir subitement à 28 ans.

SULLY, MINISTRE D'EXCEPTION (1559-1641)

Avec l'aide de Sully, Henri IV entame la reconstruction de la France. Il fait construire à Paris la place Royale, future place des Vosges, l'hôpital de la Charité et l'hôpital Saint-Louis. Il encourage l'agriculture et facilite les échanges commerciaux en ordonnant la réfection des routes et l'aménagement de nouvelles voies navigables comme le canal de Briare.

BON VIVANT ET GÉNÉREUX

Friand d'huîtres, de melons, de tartines d'ail et d'oignon, Henri IV est doté d'un appétit impressionnant. Au-delà de sa propre personne, le bienveillant souverain souhaite que tous ses sujets puissent «mettre une poule au pot» chaque dimanche. Mais la France a terriblement souffert des guerres de Religion et peu pourront se permettre de déguster une volaille dominicale.

LA REINE MARGOT (1553-1615)

En 1572, le jeune Henri de Navarre épouse Marguerite de Valois, qui deviendra célèbre sous le nom de la reine Margot. Mais cette dernière, fille du roi Henri II et de Catherine de Médicis, ne lui donne pas d'héritier. Exilée par son mari dans le château d'Usson, en Auvergne, elle est répudiée en 1599.

LA REINE MARIE (1573-1642)

Sur les conseils de Sully, le roi épouse en 1600 Marie de Médicis qui apporte au royaume une dot de 600 000 écus et assure à la France le soutien de l'Italie. De cette union naissent 4 enfants en dix ans dont le futur Louis XIII.

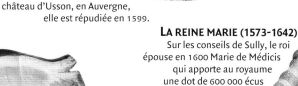

1601-1643

1594
Sacre à Chartres

1610
Assassiné par Ravaillac

RÈGNE DE LOUIS XIII

LOUIS XIII, LE JUSTE

Deuxième roi de la dynastie des Bourbons, Louis XIII n'est qu'un enfant quand son père, Henri IV, est assassiné (1610). Renfermé et taciturne, il accepte sans joie la régence de sa mère pendant sept ans avant d'assumer le pouvoir. Malgré une santé délicate, le nouveau roi affirme son autorité contestée par la noblesse mais aussi par son frère et sa mère! Avec rigueur et autorité, il pose les premières pierres de la monarchie absolue qui trouve son apogée avec son fils Louis XIV. La plus brillante décision de son règne est de s'adjoindre les services de l'extraordinaire cardinal de Richelieu de 1624 à 1642.

LE MEILLEUR DES MINISTRES

Fils du capitaine des gardes d'Henri IV, Richelieu se fait remarquer aux états généraux de 1614 alors qu'il est évêque de Luçon. Fin négociateur, courtisan habile, Richelieu est le protégé de Marie de Médicis avant de devenir le favori de Louis XIII et l'inspirateur éclairé de sa politique. Implacable, il réprime les ambitions de la noblesse et écarte de la Cour le propre frère de Louis XIII, Gaston d'Orléans. Sous son impulsion, le roi développe les manufactures, fait agrandir la Sorbonne, construire le Palais-Royal et fonde l'Académie française (1635).

@ Louis XIII

MARIE DE MÉDICIS (1573-1642)

Dans cette scène Henri IV confie à Marie de Médicis un globe symbolisant le pouvoir royal avant de partir pour la guerre d'Allemagne (1610). Pour asseoir son autorité, la reine exige d'être sacrée lors d'une cérémonie la veille de l'assassinat de son mari. Régente pendant la minorité de Louis XIII, influencée par les aventuriers italiens Concini et Galigaï, l'ambitieuse Florentine méprise son fils et accepte difficilement d'être écartée du pouvoir en 1617.

TIMIDE ET AUTORITAIRE

Introverti, réservé, rêveur, Louis XIII est un roi à la personnalité méconnue. Artiste, il se passionne pour la danse, la musique et la peinture. Mais ce prince sensible est autoritaire et parfois violent. A peine âgé de 16 ans, il fait assassiner Concini, le favori de sa mère, pour s'emparer du pouvoir. Roi très chrétien d'une extrême piété, Louis XIII rédige un livre de prières et impose une certaine austérité à la Cour. Roi-soldat, il prépare la domination de la France en Europe et s'oppose au roi d'Espagne à qui il déclare la guerre en 1635.

1589-1610

1601
Naissance à Fontainebleau

RÈGNE D'HENRI IV

1610
Début du règne

LE SIÈGE DE LA ROCHELLE (1627-1628)

Soutenues par les Anglais, les autorités du port protestant de La Rochelle se révoltent contre Louis XIII en 1627. Pour empêcher l'aide britannique d'arriver, Richelieu fait construire devant la ville une digue formée de bateaux coulés en mer sur 1 800 m de long. Après 14 mois de siège, le 1er novembre 1628, le roi entre dans une ville humiliée, ruinée et affamée. Les trois quarts de la population sont morts. Louis XIII ne peut pas révoquer l'édit de Nantes (page 46) mais il réduit les privilèges militaires accordés aux protestants par la paix d'Alès (1629).

UNE DESCENDANCE QUI SE FAIT ATTENDRE

Fille aînée de Philippe III d'Espagne et de Marguerite d'Autriche, Anne d'Autriche épouse Louis XIII en 1615 à l'âge de 14 ans. Longuement négocié, ce mariage rapproche la France et la maison d'Autriche. Délaissée par le roi, en conflit avec Richelieu, la reine n'est pas aimée par le peuple en raison de sa supposée stérilité. Mais en 1638, après 23 ans de mariage, Anne d'Autriche donne un dauphin au trône, le futur Louis XIV, puis un deuxième héritier deux ans plus tard (Philippe d'Orléans).

UN CHASSEUR REDOUTABLE

Depuis son plus jeune âge, Louis XIII excelle à la chasse et passe de longues heures avec ses oiseaux de proie. Adolescent, un seigneur disait de lui : «Il n'y a fauconnier au monde qui ne puisse rien apprendre en cette science au roi.» En 1623, il fait construire à Versailles un petit château en brique, pierre et ardoise. Peu à l'aise dans les intrigues de la Cour, il s'y installe pour chasser et aime y réparer ses innombrables armes.

LES MOUSQUETAIRES DU ROI

Garde personnelle du roi Louis XIII, la compagnie des mousquetaires fait partie de l'infanterie. Recrutés exclusivement dans l'aristocratie, ses membres forment l'élite des militaires français. Louis XIII ne cesse de renforcer son armée qui passe sous son règne de 30 000 à 250 000 hommes, indispensables pour mener à bien l'interminable guerre de Trente Ans (1618-1648).

LE CHÂTEAU DONT LE PRINCE EST UN ENFANT

Avec les 13 autres enfants (légitimes et illégitimes) d'Henri IV, le dauphin est élevé dans le «château Vieux» de Saint-Germain-en-Laye, abandonné aux enfants royaux et à leurs domestiques. Son éducation est rude mais Louis résiste et montre un caractère ferme et autoritaire. Enfant maladif, Louis est aussi jaloux, ombrageux et colérique. Conscient de son rang, il poursuit sa gouvernante en lui criant «je vous couperai la tête».

1624-1642
Richelieu, principal ministre pendant 18 ans

1643
Mort à Saint-Germain-en-Laye

1643-1715

RÈGNE DE LOUIS XIV

LOUIS XIV, LE ROI-SOLEIL

Louis XIV accède au trône en 1643 à l'âge de 5 ans. Son parrain, le cardinal Mazarin, forme le jeune roi aux subtilités de la politique sous la régence d'Anne d'Autriche. Marqué par la Fronde qui fragilise la monarchie entre 1648 et 1653, Louis XIV s'empare seul du pouvoir à 23 ans, et écarte les grands seigneurs. Assisté de conseillers fidèles comme Colbert ou Louvois, il développe le commerce, réorganise le royaume, réforme l'armée et favorise l'extraordinaire épanouissement des arts et des sciences. Souverain flamboyant, Louis XIV choisit le même emblème que le dieu Apollon, le soleil qui donne la vie et régule le temps.

Henriette-Marie de France, tante de Louis XIV, femme du roi d'Angleterre

Philippe de France, duc d'Orléans, frère du roi

Anne d'Autriche, mère du roi

Louis XIV

Marie-Thérèse d'Autriche

Louis de France, Grand Dauphin, mourra quatre ans avant son père.

LA FAMILLE LOUIS XIV
Commandé en 1670 par Philippe de France, ce tableau met en scène Louis XIV et sa famille en dieux gréco-romains. Il montre une famille unie au-delà de la mort puisque Henriette-Marie de France et Anne d'Autriche sont déjà décédées au moment où est réalisée la toile !

MADEMOISELLE DE LA VALLIÈRE (1644-1710)
Maîtresse de Louis XIV depuis 1661, Mademoiselle de La Vallière donne quatre enfants au roi avant de se retirer au couvent. Elle est remplacée dans le cœur du Roi-Soleil par la marquise de Montespan.

LA MARQUISE DE MONTESPAN (1640-1707)
Dame d'honneur de la reine, la marquise de Montespan devient la favorite de Louis XIV en 1667 et lui donne 6 enfants ! Pour les élever, elle choisit Madame de Maintenon qui supplantera les maîtresses du roi en se mariant secrètement avec lui.

MADAME DE MAINTENON (1635-1719)
La dévote Madame de Maintenon, que le roi épouse dans le plus grand secret en 1683, impose une atmosphère empreinte de piété à la cour de Versailles. Peu aimée, austère, elle est décrite comme la «vieille ratatinée du grand homme» par la Palatine, belle-sœur de Louis XIV.

LE ROI GUERRIER
L'orgueil et le rêve de grandeur de Louis XIV influent sur la politique étrangère de la France dans la seconde partie du XVe siècle. Disposant d'une armée imposante, il mène successivement les guerres de Dévolution (1667-1668), de Hollande (1672-1678), de la ligue d'Augsbourg (1688-1697) et de succession d'Espagne (1701-1714). Il s'empare de l'Artois, de la Flandre, de l'Alsace, du Roussillon et de la Franche-Comté.

1610-1643

RÈGNE DE LOUIS XIII

1638
Naissance à Saint-Germain-en-Laye

1643
Début du règne et régence d'Anne d'Autriche

VERSAILLES

Agrandi par l'architecte Louis Le Vau, le château de Versailles devient la résidence officielle de la Cour et du gouvernement en 1682. Le roi s'y installe alors que le chantier n'est pas terminé et quitte définitivement ses autres demeures (il ne se rendra que 16 fois à Paris entre 1682 et 1715). Décoré avec luxe, multipliant les déclinaisons du thème du soleil, le palais devient, pour l'Europe entière, le symbole de la puissance du monarque absolu.

L'Orangerie est enterrée et, orientée au sud, elle offre une température douce même au cœur de l'hiver.

LE RETOUR D'UN CATHOLICISME FORT

Lieutenant de Dieu sur terre par son sacre (page 6), Louis XIV défend avec ardeur la foi catholique. Il combat les jansénistes de Port-Royal et entreprend de ramener les protestants au catholicisme par l'édit de Fontainebleau en 1685. Cette révocation de l'édit de Nantes entraîne l'interdiction du culte réformé, l'exil de plus de 200 000 personnes en Suisse, en Angleterre et en Allemagne et provoque de nombreuses révoltes intérieures, notamment dans les Cévennes.

« L'État c'est moi. »

LA COUR

Chaque jour, 3 000 à 10 000 personnes se pressent à Versailles et forment auprès du roi une cour très hiérarchisée . Ce dernier leur impose un emploi du temps et des règles (l'étiquette) très stricts. Tout au long de la journée, les courtisans accompagnent le souverain dans ses activités ou ses promenades dans le parc qui ont lieu généralement vers 15 h. Ils briguent les faveurs du Roi-Soleil qui, par ce système habile, contrôle sa noblesse frondeuse.

@ ▶▶
Louis XIV

LE ROI ET SES CONSEILLERS

Long de 54 ans, le règne personnel de Louis XIV marque l'apogée de la monarchie absolue. Autoritaire et travailleur, le roi écoute ses conseillers, reçoit les ambassadeurs mais il prend toutes les décisions capitales. Chaque matin, il retrouve le conseil formé de ses ministres les plus influents dans le cabinet situé à côté de sa chambre.

1715-1774

LOUIS XV, LE BIEN-AIMÉ

Arrière-petit-fils du Roi-Soleil, Louis XV monte sur le trône en 1715 pour un long règne de 59 ans. Très aimé par son peuple lors de ses premiers pas de souverain, il ne résiste pas à l'usure du temps et meurt à Versailles en 1774 dans l'indifférence générale. Auréolé d'un extraordinaire rayonnement culturel et intellectuel, son règne porte aussi en lui le déclin de la monarchie absolue dû à l'opposition de plus en plus vive des philosophes des Lumières et à la puissance croissante des parlements.

MADAME DE POMPADOUR (1721-1764)

Principale favorite de Louis XV, la marquise de Pompadour est aussi, pendant près de 20 ans, la conseillère écoutée du roi. Protectrice des artistes et des écrivains, elle entraîne le souverain dans un tourbillon de fêtes et de plaisirs. Mais l'influence de la belle marquise suscite à la Cour et auprès du peuple de nombreuses jalousies et calomnies.

MADAME DU BARRY (1743-1793)

Après la mort de la marquise de Pompadour, Louis XV tombe follement amoureux de Madame du Barry. Méprisée par les grands personnages de la Cour en raison de ses origines très modestes, elle quitte Versailles à la mort du roi et rejoint son château de Louveciennes, présent de Louis XV, où elle sera arrêtée en 1793 par les révolutionnaires avant d'être guillotinée.

LA REINE POLONAISE (1703-1768)

En 1725, Louis XV épouse Marie Leszczynska, la fille unique de Stanislas, roi de Pologne et duc de Lorraine. Plus âgée que le roi, ni belle, ni gaie, elle est vite délaissée par Louis XV, trop occupé avec ses innombrables maîtresses. Très attachée au roi malgré ses infidélités, la douce et digne Marie lui donne 10 enfants.

L'ENFANT-ROI

Emotif, mélancolique et secret, le futur Louis XV est un enfant capricieux qui se sait investi d'un destin hors normes. Sur son lit de mort, son arrière-grand-père, le Roi-Soleil, l'avait béni en lui disant: «Mon cher enfant, vous allez être le plus grand roi de la Terre.» Sur ce tableau, Louis XV enfant reçoit sa leçon quotidienne en présence de son précepteur, le cardinal de Fleury, et du régent Philippe, duc d'Orléans et neveu de Louis XIV.

1643-1715

1710
Naissance à Versailles

RÈGNE DE LOUIS XIV

1715
Début du règne

52

LE ROI GUERRIER

Victorieux sur les champs de bataille, lors de la guerre de succession d'Autriche (1740-1748), Louis XV ne profite pas de sa position pour agrandir le royaume et s'enlise dans la désastreuse guerre de Sept Ans (1756-1763). Sous son règne, la France perd ses positions en Inde et au Canada mais achète la Corse aux Génois en 1768.

LE CARDINAL DE FLEURY (1653-1743)

Aumônier de Louis XIV, précepteur de Louis XV, le cardinal de Fleury est aussi le principal ministre de ce dernier entre 1726 et 1743. Âgé de 73 ans lors de sa nomination, il gouverne avec sagesse jusqu'à sa mort à 90 ans. Il développe le commerce et rétablit l'équilibre financier du royaume.

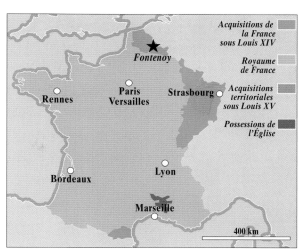

Acquisitions de la France sous Louis XIV

Royaume de France

Acquisitions territoriales sous Louis XV

Possessions de l'Église

400 km

DE BIEN-AIMÉ À DÉTESTÉ

Intelligent, très cultivé, Louis XV est passionné par les sciences, la géographie et l'architecture. Dans l'exercice de son pouvoir, le nouveau souverain est un monarque indécis et timide aux accès de colère redoutés. En 1771, il s'attaque avec le chancelier Maupeou aux tout-puissants parlements et ose les dissoudre pour réprimer toute opposition. Très impopulaire à la fin de sa vie en raison de ses mœurs jugées dissolues et de ses dépenses inconsidérées, Louis XV est enterré de nuit de peur des manifestations.

@ Louis XV

LA PASSION DE LOUIS XV

Louis XV est fasciné par les animaux exotiques qu'il peut admirer dans la ménagerie édifiée par Louis XIV entre 1662 et 1669 dans le parc de Versailles. Séduit par leur beauté, il demande aux plus grands artistes de son temps de les représenter sur les peintures mais aussi sur les boiseries, les tentures ou la vaisselle de ses appartements.

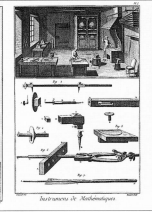

LA RÉVOLUTION DE L'ENCYCLOPÉDIE

Publiée à partir de 1751, l'*Encyclopédie* aborde tous les sujets de connaissances, de la botanique à la foi religieuse. Mais ses initiateurs, Diderot et d'Alembert critiquent aussi l'arbitraire de la justice et les abus de la religion et de la royauté. Dès 1752, Louis XV s'oppose sans succès à la diffusion de ce dictionnaire qui défend les idées des Lumières.

1774-1791

1768
Achat de la Corse aux Génois

1774
Mort à Versailles

RÈGNE DE LOUIS XVI

LOUIS XVI, UN ROI DANS LA TOURMENTE

Petit-fils de Louis XV, Louis XVI monte sur le trône à 20 ans et suscite beaucoup d'espoirs dans le royaume. Très populaire au début de son règne, le nouveau souverain est victime d'une crise économique, sociale et politique sans précédent qui frappe le pays. Mal conseillé, manquant de fermeté, il perd toute son autorité lors de la réunion des états généraux en 1789. Après avoir été contraint d'accepter une constitution qui limite son pouvoir en 1791, Louis XVI est discrédité par une succession d'initiatives malheureuses. Arrêté et jugé par les représentants du peuple, le roi est guillotiné le 21 janvier 1793.

L'ÉRUDITION D'UN PRINCE

La bibliothèque de Louis XVI, à Versailles, est l'une des plus belles du royaume et compte près de 15 000 volumes. Le roi s'intéresse plus particulièrement à la géographie, aux sciences et à l'exploration des terres encore inconnues. Esprit cultivé et ouvert au progrès, il possède l'*Encyclopédie* (page 53) et lit des ouvrages en français mais aussi en anglais.

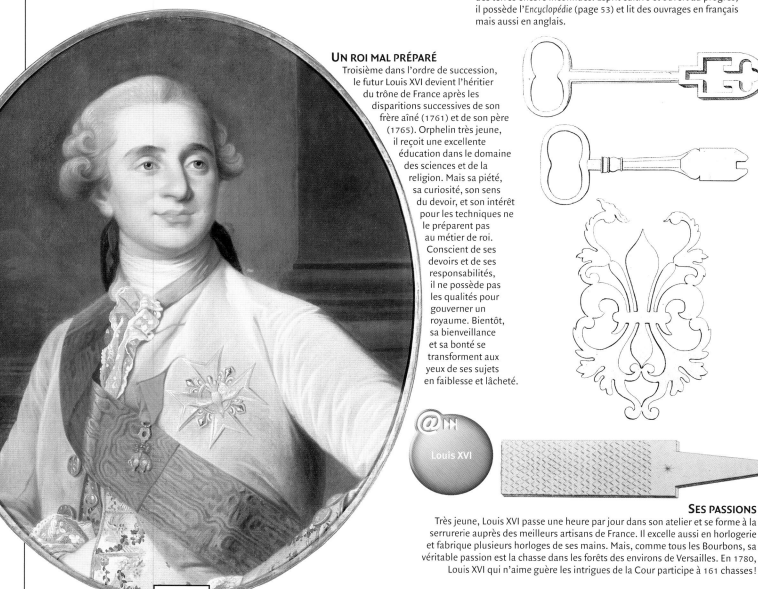

UN ROI MAL PRÉPARÉ

Troisième dans l'ordre de succession, le futur Louis XVI devient l'héritier du trône de France après les disparitions successives de son frère aîné (1761) et de son père (1765). Orphelin très jeune, il reçoit une excellente éducation dans le domaine des sciences et de la religion. Mais sa piété, sa curiosité, son sens du devoir, et son intérêt pour les techniques ne le préparent pas au métier de roi. Conscient de ses devoirs et de ses responsabilités, il ne possède pas les qualités pour gouverner un royaume. Bientôt, sa bienveillance et sa bonté se transforment aux yeux de ses sujets en faiblesse et lâcheté.

Louis XVI

SES PASSIONS

Très jeune, Louis XVI passe une heure par jour dans son atelier et se forme à la serrurerie auprès des meilleurs artisans de France. Il excelle aussi en horlogerie et fabrique plusieurs horloges de ses mains. Mais, comme tous les Bourbons, sa véritable passion est la chasse dans les forêts des environs de Versailles. En 1780, Louis XVI qui n'aime guère les intrigues de la Cour participe à 161 chasses!

1715-1774		
RÈGNE DE LOUIS XV	**1754** Naissance à Versailles	**1770** Mariage avec Marie-Antoinette d'Autriche

Le 5 octobre 1789, des milliers de Parisiennes se rassemblent devant l'Hôtel de Ville pour réclamer du pain. Inquiète et affamée, la population craint une action contre-révolutionnaire de l'armée. Le lendemain, la foule marche sur Versailles, pénètre de force dans le château et exige l'installation du roi à Paris. Escortés par La Fayette, le roi et sa famille sont conduits au palais des Tuileries où ils résideront désormais sous la surveillance du peuple.

BON PÈRE DE FAMILLE

Louis XVI épouse en 1770 l'archiduchesse Marie-Antoinette, la fille de l'impératrice d'Autriche Marie-Thérèse. Aimée dans les premiers temps, la reine devient la cible du peuple qui lui reproche son goût pour les fêtes et la surnomme « l'Autrichienne ». Elle donne 4 enfants au roi : Sophie Hélène Béatrice (décédée à quelques mois), Marie-Thérèse, Louis-Joseph (mort en 1789) et Louis XVII.

Louis XVII

Louis-Joseph

Marie-Thérèse

LA FUITE À VARENNES

Le 22 juin 1791, le roi, déguisé en laquais, sa famille et ses proches tentent de fuir en Autriche, patrie de Marie-Antoinette. Reconnu, dit-on, grâce au portrait qui figurait sur la face des pièces de monnaie, Louis XVI est arrêté dans le village de Varennes et reconduit sous les huées dans la capitale. Il a perdu la confiance de l'Assemblée et doit prêter serment à une nouvelle Constitution qui amoindrit ses pouvoirs. C'est le temps de la monarchie constitutionnelle.

L'EXÉCUTION DE LOUIS XVI (21 JANVIER 1793)

Après la prise des Tuileries par les révolutionnaires, Louis XVI, surnommé ironiquement « Louis Capet », est incarcéré avec sa famille pour montrer qu'il est un simple citoyen. Suspecté d'avoir comploté contre la République, il est condamné à mort à une faible majorité (361 pour, 360 contre) puis exécuté le 21 janvier 1793. La reine Marie-Antoinette est guillotinée le 16 octobre 1793, neuf mois après son mari.

Exécution de Louis Capet le 21 Janvier 1793

LOUIS XVII (1785-1795)

Cette estampe du XIXᵉ siècle représente Louis XVII adulte en habit de sacre alors que le dauphin est mort à 10 ans (1795). Elle illustre la légende qui voulait que ce dernier se soit évadé de la prison du Temple et ait perpétué sa dynastie. Après le décès du dauphin, l'héritier du trône est le comte de Provence, frère de Louis XVI, qui prend le nom de règne de Louis XVIII.

1792-1804

14 juillet 1789
Prise de la Bastille

21 janvier 1793
Louis XVI meurt guillotiné.

LA Iʳᵉ RÉPUBLIQUE

55

LES NAPOLÉON, L'IMITATION DE LA ROYAUTÉ

Général à 25 ans, consul à 30 ans, empereur à 35 ans, Napoléon restaure un pouvoir monarchique fort après les périodes troublées de la Convention (1792-1795) qui abolit la royauté, du Directoire (1795-1799) et du Consulat (1799-1804). Stratège audacieux, il conquiert une grande partie de l'Europe et accompagne cette expansion politique d'une réorganisation administrative et juridique de la France (création du corps préfectoral et du Code civil). Après la chute du Premier Empire en 1815, la dynastie renaîtra de ses cendres avec le règne de Napoléon III (1852-1870).

L'ADMINISTRATEUR
Promulgué le 21 mars 1804, le Code civil permet à tous les Français de vivre désormais sous les mêmes lois. Rédigé par d'éminents juristes comme Cambacérès, il fait la fierté de Napoléon qui déclarait : « Ma vraie gloire, ce n'est pas d'avoir gagné quarante batailles ; Waterloo effacera le souvenir de tant de victoires. Ce que rien n'effacera, ce qui vivra éternellement, c'est mon Code civil. »

CODE CIVIL
DES
FRANÇAIS.

ÉDITION ORIGINALE ET SEULE OFFICIELLE.

À PARIS,
DE L'IMPRIMERIE DE LA RÉPUBLIQUE.
AN XII. 1804.

Invité au sacre, le peintre David représenté avec son carnet de croquis au-dessus de la mère de Napoléon !

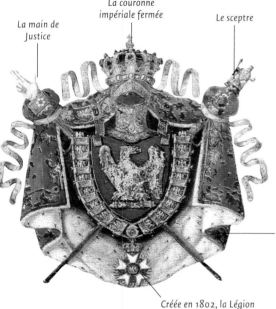

La main de Justice

La couronne impériale fermée

Le sceptre

@ Premier Empire

Manteau impérial de velours pourpre semé d'abeilles d'or. Symbole d'immortalité, les abeilles rattachent la nouvelle dynastie aux origines de la France.

Créée en 1802, la Légion d'honneur récompense les services civils et militaires.

LA SYMBOLIQUE IMPÉRIALE
Proclamé empereur des Français le 18 mai 1804, Napoléon hésite longuement pour choisir l'emblème de sa dynastie. Les mérites du lion, de l'éléphant, des abeilles et du coq sont minutieusement examinés avant que l'Empereur n'impose au dernier moment l'aigle, emblème de la Rome impériale associé depuis l'Antiquité aux victoires militaires.

NAPOLÉON II (1811-1832)
Fils unique de Napoléon Ier et de Marie-Louise de Habsbourg, l'héritier de la dynastie fut proclamé roi de Rome à sa naissance. Mort de tuberculose au château de Schönbrunn en Autriche, il est inhumé dans le caveau des Habsbourg auprès de son grand-père maternel, l'empereur d'Autriche François Ier, avant que ses cendres ne soient transférées en France en 1940. Il fut surnommé l'Aiglon par Victor Hugo en 1853.

1792-1802	1804-1814	1814-1824		1824-1830
LA Ire RÉPUBLIQUE	Ier EMPIRE	RÈGNE DE LOUIS XVIII	**1821** Napoléon Ier meurt à Sainte-Hélène.	RÈGNE DE CHARLES X

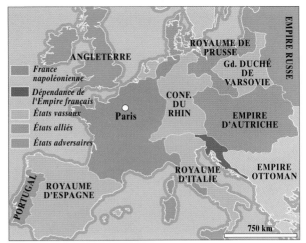

LA CONQUÊTE D'UN EMPIRE

En 1810, l'Empire de Napoléon étend son influence de la Bretagne à la Pologne et de l'Espagne jusqu'à la Suède. Pour cimenter ses conquêtes et renforcer le pouvoir de sa dynastie, l'Empereur offre des trônes à ses frères. Joseph est roi de Naples (1806-1808) et d'Espagne (1808-1813), Louis règne sur la Hollande (1806-1810) et Jérôme sur la Westphalie (1807-1813).

NAPOLÉON III (1808-1873)

Neveu de l'Empereur, Louis Napoléon est élu président de la République en 1848. Après son coup d'Etat de 1851, il proclame l'empire et prend le nom de Napoléon III le 2 décembre 1852. Son règne s'achève après la défaite française face à la Prusse qui donne naissance à la Troisième République (1870). L'Empereur s'exile alors en Angleterre où il meurt trois ans plus tard.

La mère de Napoléon, qui n'aime pas beaucoup Joséphine, est absente lors de la cérémonie. A la demande de l'Empereur, elle figure néanmoins au centre de la scène.

Le cardinal Caprara, peint à côté du pape, était malade le jour du sacre mais il a exigé d'être représenté !

Contre l'avis de Pie VII, Napoléon couronne l'impératrice Joséphine après s'être sacré lui-même. Le pape doit se contenter de bénir les couronnes.

LE SACRE

Peint par David, le sacre de Napoléon, qui eut lieu à Notre-Dame de Paris le 2 décembre 1804, offre une extraordinaire galerie de portraits. Aux côtés de la famille de l'Empereur figurent les dignitaires civils (le juriste Cambacérès ou le financier Lebrun) et militaires (les maréchaux Berthier, Moncey, Sérurier, Murat, Bernadotte) qui forment la noblesse d'Empire.

Pour plaire à l'Empereur, David rajeunit Joséphine qui a plus de 40 ans au moment du sacre.

| | 1830-1848 | 1848-1852 | 1852-1870 | 1870-1940 |

1832 Mort de l'Aiglon

RÈGNE DE LOUIS-PHILIPPE

IIᵉ RÉPUBLIQUE

SECOND EMPIRE

IIIᵉ RÉPUBLIQUE

LOUIS XVIII, LE TEMPS DE LA RESTAURATION

Après un exil de 23 ans à travers l'Europe, le frère cadet de Louis XVI devient roi en 1814 et prend le nom de Louis XVIII. Monté sur le trône après la chute de l'Empire napoléonien, le nouveau souverain souhaite restaurer le pouvoir monarchique et réconcilier les Français dans un royaume déchiré entre les royalistes et les républicains. Modéré et libéral au début de son règne de 20 ans, Louis XVIII doit céder à partir de 1820 aux volontés du parti conservateur, inspiré par son frère, le comte d'Artois, qui lui succédera sous le nom de Charles X.

LE ROI-FAUTEUIL

Représenté en tenue de sacre sur ce tableau, Louis XVIII dut renoncer à cette cérémonie qui symbolisait de manière trop provocante la monarchie divine. Premier roi capétien non sacré, il est aussi le seul successeur de Louis XV à ne pas être chassé par une révolution. Intelligent mais égoïste et imbu de sa dignité royale, ce vieillard de 65 ans qui vient de monter sur le trône se délecte des intrigues de cour. Obèse, incapable de marcher sans aides, à demi paralysé par la goutte, il est surnommé le roi-fauteuil.

Louis XVIII enfant

Charles X enfant

SÛR DE SA LÉGITIMITÉ

Petit-fils de Louis XV et frère de Louis XVI, Louis XVIII incarne la continuité de la dynastie des Bourbons. En 1814, il considère qu'il est dans la dix-neuvième année de son règne qui a débuté selon lui en 1795, après la mort de son neveu Louis XVII (page 55). Se sentant investi d'une mission divine, il souhaite rétablir la monarchie absolue sur la France tout en faisant des concessions.

CHARTE CONSTITUTIONNELLE.

LA CHARTE (1814)

Plus habile que ses frères, Louis XVIII accepte à son retour d'exil de promulguer la Charte, une nouvelle constitution de la France qui confirme les acquis politiques de la Révolution. Cette monarchie libérale est basée sur plusieurs grands principes : la liberté de la presse, la liberté de religion (le catholicisme reste religion d'État), l'indépendance de la justice, la création de deux assemblées (la Chambre des pairs, nommés par le roi, et celle des députés, élus uniquement par les notables).

1792-1804

1804-1814

1755
Naissance
à Versailles

Iʳᵉ RÉPUBLIQUE

Iᵉʳ EMPIRE

1814
Début du règne
de Louis XVIII

LES CENT-JOURS (1815)

Exilé sur l'île d'Elbe, Napoléon débarque en France en février 1815 pour reconquérir le pouvoir. La foule l'acclame et de nombreux officiers se rallient à lui jusqu'à son entrée dans la capitale (20 mars 1815). Cette caricature se moque du roi Louis XVIII fuyant piteusement le royaume pour se réfugier à Gand (Belgique). Le règne de l'Empereur dure cent jours jusqu'au désastre de Waterloo (18 juin 1815). Après cette période, les royalistes ultras massacrent les partisans de Napoléon : c'est la Terreur blanche.

LE DÉPART PRÉCIPITÉ ET LE RETOUR IMPRÉVU.

LA FAMILLE DU ROI

Lorsqu'il monte sur le trône, Louis XVIII est veuf depuis quatre ans. Sa femme, Marie-Joséphine de Savoie, fille du roi de Sardaigne, ne lui a donné aucune postérité. Il se rapproche de ses deux neveux, le duc de Berry (page 61) et le duc d'Angoulême représenté ici à son retour de la campagne d'Espagne (1823).

Le duc d'Angoulême

Henri V, le fils posthume du duc de Berry

Le comte d'Artois, futur Charles X

Louis XVIII

LE DRAPEAU BLANC

Dès 1815, Louis XVIII remplace le drapeau tricolore hérité de la Révolution par le drapeau blanc, couleur de la royauté depuis le XVe siècle. C'est un symbole important qui affirme le retour de la monarchie après la période révolutionnaire et napoléonienne. Le drapeau blanc flotte sur le palais des Tuileries ou les résidences secondaires du roi pour signaler sa présence.

@ Restauration

LES TUILERIES

Comme Napoléon, Louis XVIII choisit pour résidence le palais des Tuileries, au cœur de Paris où il vit dans une plus grande simplicité que ses prédécesseurs. Le dimanche, les Parisiens sont autorisés à visiter les appartements du roi pour le prix d'un simple ticket ! Ils peuvent ainsi apercevoir le souverain poussé dans une chaise roulante en raison de son poids. A moitié détruit par un incendie en 1871, le palais des Tuileries a été rasé en 1882.

1824-1830

CHARLES X, UN CONSERVATEUR AU POUVOIR

Frère de Louis XVI et de Louis XVIII, le comte d'Artois émigre dès 1789 pour renforcer l'opposition contre-révolutionnaire au sein des cours européennes. Après la mort de son frère, il monte sur le trône en 1824 et devient roi de France sous le nom de Charles X. Son règne est marqué par l'influence des ultras, les plus conservateurs des royalistes, et par ses conceptions absolutistes de la monarchie. Maladroit et intransigeant, ce souverain réactionnaire qui ne se résigne pas à n'être qu'un roi constitutionnel est contraint d'abdiquer sous la pression populaire en 1830. Le dernier Bourbon doit quitter la France pour un nouvel exil.

UN MONARQUE ABSOLU

Chef des ultras, le comte d'Artois s'oppose dès son retour d'exil à la politique de Louis XVIII, bien trop modérée à son goût. Devenu roi en 1824, il se montre moins conciliant que son frère avec les adversaires de la monarchie absolue. Il ose se faire sacrer à Reims dans un faste extraordinaire, 50 ans après Louis XVI, et prend des mesures très impopulaires comme la loi remboursant les royalistes émigrés qui avaient dû abandonner leurs biens sous la Révolution.

« J'aimerais mieux scier du bois que de régner à la façon du roi d'Angleterre. »

LA GIRAFE DE CHARLES X

Offerte à Charles X par le vice-roi d'Egypte, Méhémet-Ali, la première girafe jamais vue en France accoste à Marseille en 1826. Accompagnée de trois vaches nourricières, elle émerveille la population avant d'arriver à Paris où 60 000 curieux se pressent en trois semaines autour de son enclos.

LE CARROSSE DU SACRE

Commencé sous le règne de Louis XVIII, ce carrosse flamboyant est achevé pour le sacre de son frère Charles X (28 mai 1825). Véhicule d'apparat mené par 8 chevaux, il présentait le roi et sa famille dans toute leur splendeur. Décoré de bronzes dorés et ciselés, ce carrosse de 7 t nécessitait la présence de douze personnes lors de son utilisation (cocher, garçons d'attelage...).

1757 Naissance à Versailles

1792-1804 Iʳᵉ RÉPUBLIQUE

1804-1814 Iᵉʳ EMPIRE

1814-1824 RÈGNE DE LOUIS XVIII

LA CONQUÊTE DE L'ALGÉRIE

Sous prétexte de châtier le dey d'Alger qui avait frappé le consul de France d'un coup d'éventail, Charles X ordonne une expédition punitive en Algérie (mai 1830), espérant en tirer une gloire rapide. Après trois semaines de combat, Alger capitule. Mais ce succès qui offre l'Algérie à la France pour plus de 130 ans est accueillie avec indifférence et Charles X est chassé du pouvoir.

LES TROIS GLORIEUSES
(27 AU 29 JUILLET 1830)

Pour renforcer son autorité, Charles X impose le 26 juillet 1830 des ordonnances impopulaires comme la suppression de la liberté de la presse, la dissolution de la Chambre et la modification du mode d'élection. Le roi est renversé après trois journées insurrectionnelles, du 27 au 29 juillet, surnommées les «Trois Glorieuses». Il abdique le 2 août 1830 en faveur de son petit-fils Henri. Mais c'est le duc d'Orléans qui devient roi sous le nom de Louis-Philippe Ier.

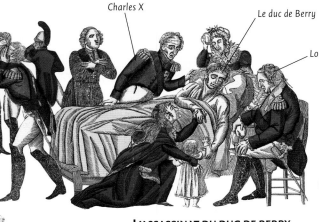

Charles X — Le duc de Berry — Louis XVIII

L'ASSASSINAT DU DUC DE BERRY

Le 13 février 1820, le duc de Berry, fils cadet de Charles X et de Marie-Thérèse de Savoie, est assassiné à sa sortie de l'Opéra. Sa mort est un événement majeur: son frère aîné ne pouvant avoir d'enfant, il était le seul prince capable d'assurer une postérité à sa branche. Par miracle, sa femme lui donne un fils posthume, Henri, le futur duc de Bordeaux, que les royalistes nommeront Henri V mais qui ne régnera jamais.

LE PREMIER ROI EXILÉ

Contraint de s'enfuir, Charles X part pour un nouvel exil en Ecosse puis, dès 1832, à Prague, dans le château des rois de Bohême, où il réside dans la plus grande solitude. En 1836, il est accueilli par l'empereur d'Autriche dans la ville de Goritz (Slovénie actuelle) où il décède du choléra. Son corps n'a jamais été transféré dans la basilique de Saint-Denis.

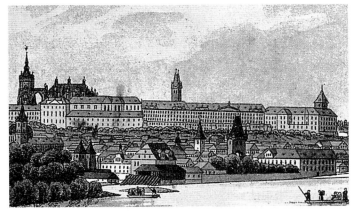

1830-1848

1824
Début du règne de Charles X

28 mai 1825
Sacre de Charles X

2 août 1830
Abdication et départ en exil de Charles X

1836
Mort à Goritz

RÈGNE DE LOUIS-PHILIPPE

LOUIS-PHILIPPE, LE ROI-CITOYEN

Appelé sur le trône en 1830 après l'abdication de son cousin Charles X, le duc d'Orléans prend le nom de Louis-Philippe Ier. C'est la monarchie de Juillet. Cousin des trois derniers souverains, le nouveau roi âgé de 57 ans va régner 18 ans sur la France. Avec l'aide de ses ministres Thiers puis Guizot, Louis-Philippe mène une politique étrangère habile (conquête de l'Algérie, entente cordiale avec l'Angleterre de la reine Victoria) mais gère avec trop d'autorité les affaires intérieures. Son refus de réforme notamment face aux insurrections ouvrières provoque la Révolution de 1848. Le dernier roi de France doit abdiquer et quitter son royaume.

LA REINE MARIE-AMÉLIE (1782-1866)

Fille du roi de Naples, Marie-Amélie de Bourbon épouse Louis-Philippe en 1809, alors qu'il n'est qu'un prince sans fortune, loin de son royaume. De ce mariage naissent 5 garçons et 3 filles. Mari aimant et bon père, Louis-Philippe Ier aime vivre paisiblement en famille aux Tuileries.

LE PRINCE BOURGEOIS

Fils du célèbre duc d'Orléans, Philippe Egalité, qui vota la mort de son cousin Louis XVI, le jeune Louis-Philippe s'engage dans l'armée révolutionnaire et participe aux batailles de Valmy et de Jemmapes avant de s'exiler sans ressources. Il s'improvise professeur en Suisse puis il parcourt le monde. Revenu en France en 1817, il se rapproche des libéraux qui prônent une monarchie modérée. Discret dans son mode de vie alors qu'il jouit depuis son retour de l'une des plus grosses fortunes de France, il ressemble aux bourgeois qui sont de plus en plus influents dans le royaume.

UN ROI CONSTITUTIONNEL

Effrayés par les excès des Trois Glorieuses et craignant le retour d'une période révolutionnaire sanglante, les députés appellent en 1830 le duc d'Orléans sur le trône. Prince de sang royal, animé de convictions libérales, il est le candidat idéal pour établir une monarchie modérée. Le 9 août 1830, Louis-Philippe prête serment à la nouvelle Charte et devient roi des Français.

| 1792-1804 | 1804-1814 | 1814-1824 |

1773
Naissance à Paris

Ire RÉPUBLIQUE

Ier EMPIRE

RÈGNE DE LOUIS XVIII

L'ABDICATION (24 FÉVRIER 1848)

Suite à l'interdiction par le roi des banquets où se propageaient les idées républicaines, un vaste mouvement révolutionnaire se déclenche à Paris et embrase le pays. Acceptant de quitter le pouvoir, Louis-Philippe signe cet acte d'abdication le 24 février 1848 en faveur de son petit-fils, le comte de Paris (son fils aîné, le prince Ferdinand, étant mort dans un accident en 1842). Mais il n'y aura plus de roi de France, la Deuxième République est proclamée.

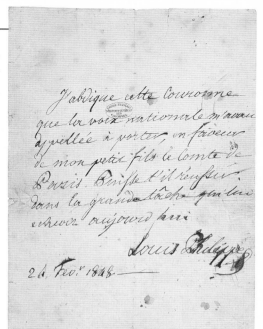

SIMPLE MAIS VITE INCOMPRIS

Le nouveau roi est très populaire au début de son règne en raison de sa simplicité. Il se promène dans la rue comme un simple passant mais plusieurs tentatives d'attentat le lui interdisent bientôt. Au fil des ans, sa popularité faiblit et le roi est victime de caricatures qui le ridiculisent. La plus célèbre est la transformation de sa tête en poire, symbole de la bêtise.

FRANÇOIS GUIZOT (1787-1874)

Réalisé par le caricaturiste Honoré Daumier en 1831, ce petit buste polychrome représente François Guizot, principal ministre de Louis-Philippe avec Adolphe Thiers. Favorable aux notables, Guizot mène une politique de plus en plus conservatrice qui entraîne la Révolution de 1848.

UNE RETRAITE ANGLAISE

Après son abdication, Louis-Philippe d'Orléans quitte précipitamment Paris pour se réfugier à Saint-Cloud avant de rejoindre l'Angleterre. La reine Victoria met à la disposition de Louis-Philippe et de sa famille le château de Claremont dans le Surrey (Angleterre) où le souverain déchu décède le 26 août 1850.

LE DRAPEAU TRICOLORE

Louis-Philippe Ier, qui avait combattu sous la bannière tricolore avec les armées révolutionnaires, abandonne le drapeau blanc de la Restauration pour restaurer le drapeau bleu, blanc, rouge. Après son abdication, les révolutionnaires de 1848 voudront adopter le drapeau rouge mais l'éloquence du poète et homme politique Alphonse de Lamartine les en dissuadera. Le drapeau français restera bleu, blanc, rouge.

1824-1830			1848-1852	
RÈGNE DE CHARLES X	**1830** Début du règne de Louis-Philippe	**24 février 1848** Abdication de Louis-Philippe	IIe RÉPUBLIQUE	**1850** Mort à Claremont

DES INFORMATIONS PASSIONNANTES

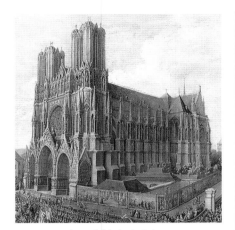

La cathédrale de Reims

Reims avait l'honneur de recevoir le roi et sa suite pour le sacre. Mais ses habitants étaient obligés de participer financièrement à cette cérémonie très onéreuse. Les banquets étaient particulièrement chers : pour le sacre de Philippe VI, en 1 328, les livres de compte font état de la consommation de 82 bœufs, 289 moutons, 85 veaux, 79 porcs, 624 lapins, 1 050 chapons, 1 800 oisons et 8 660 poulets.

La caroline

N'ayant pas bénéficié d'une grande instruction dans son enfance, Charlemagne cherche toute sa vie à se cultiver. Il demande qu'on lui lise des textes quand il est dans son bain ou dans son lit. Souffrant d'insomnie, il utilise ce temps libre nocturne pour s'entraîner à des exercices d'écriture.

Le Vendredi saint, le dévot Louis IX demandait à ses enfants de porter une couronne de fleurs sur la tête pour rendre hommage à la souffrance du Christ. Son respect pour la croix est tel qu'il exige que soient effacées les croix sur le sol des églises où il se rend pour ne pas avoir à marcher dessus.

Avant d'épouser Marie Tudor en 1 514, Louis XII envoie en Angleterre son peintre officiel, Jean Perréal, afin d'avoir une idée du physique de sa futur femme. Le portrait lui plut puisqu'il épousa «la belle angloise».

A partir de Louis XIII, les rois prennent l'habitude d'accorder des grâces lors de leur sacre. Louis XIV accorde ainsi une remise de peine à plus de 5 000 prisonniers en 1654.

La naissance inespérée du futur Louis XIV est fêtée dans tout le royaume : plus de 300 000 cloches carillonnent pour annoncer la nouvelle, des milliers de messes sont célébrées en son honneur et à Paris ou à Saint-Germain-en-Laye l'eau des fontaines est remplacée pendant quelques heures par du vin.

Le dauphin Louis, futur louis XIV

Le château de Versailles est un véritable moulin : tout le monde peut y entrer ! Grands seigneurs, solliciteurs, domestiques, soldats ou simples curieux s'y pressent par milliers chaque jour. Le 1er guide *Description sommaire du château de Versailles* est même publié en 1 674.

Saint Louis

En 1837, Louis-Philippe commande pour le château de Versailles 3 000 tableaux dédiés «à toutes les gloires de la France». Longue de 120 m, la galerie des Batailles, qui est la plus vaste salle du château, présente uniquement les victoires françaises, de Clovis jusqu'aux guerres de l'empereur Napoléon Ier.

La victoire de Tolbiac

Lors de son règne, le roi Louis-Philippe a été victime de nombreux attentats (huit au total). En 1835, l'explosion d'une machine infernale cause la mort de 19 personnes et en blesse 42. Le roi n'a qu'une égratignure au front.

La mort du roi

72 rois et reines, appartenant à toutes les dynasties, sont enterrés dans la basilique de Saint-Denis. Parmi les grands absents figurent Louis XI qui repose au côté de sa femme Charlotte de Savoie dans la basilique de Cléry-Saint-André (Loiret), Charles X, inhumé dans le monastère franciscain de la Castagnavizza en Slovénie et Louis-Philippe, enterré à Dreux. Sous la Révolution (1793), les sépultures des souverains ont été profanées et beaucoup de monuments funéraires ont été détériorés.

Après la mort de Saint Louis devant Tunis, la chaleur est telle que son corps doit être bouilli pour être conservé. Ses ossements sont enterrés dans la nécropole royale de Saint-Denis et ses chairs inhumées dans la cathédrale de Monreale près de Palerme (Italie). La «séparation» du corps du roi n'est pas exceptionnelle : le corps de Charles V est inhumé à Saint-Denis, son cœur à Rouen et ses entrailles à Maubuisson.

Sous le règne des derniers Valois, un mannequin en cire et en bois est fabriqué à la mort du roi pour symboliser l'immortalité de la monarchie. L'effigie de François Ier, représenté en grande majesté, est ainsi exposée 11 jours dans le château de Saint-Cloud et des repas lui sont proposés quotidiennement par ses domestiques ! Lors des funérailles, le mannequin du roi décédé était placé sur son cercueil.

QUESTIONS / RÉPONSES

La cour de Louis XIV

Que fait le roi après son sacre?

Après le sacre, le roi se retire un instant dans sa chambre pour prier. Ses gants et sa chemise, qui ont été en contact avec l'huile des onctions, sont brûlés.

Puis il est invité à partager un grand festin avec les pairs du royaume, les ambassadeurs, le légat du pape et les grands officiers de sa maison. Ce somptueux dîner est aussi un spectacle pour des nobles et des princes étrangers juchés sur de larges estrades placées dans la salle à manger!

Quel est le nom de la famille royale?

Le roi, ses enfants et parfois les enfants du dauphin portent le nom «de France». A partir de la dynastie des Valois, l'aîné des frères du roi est désigné par le nom de «Monsieur» et sa fille «Mademoiselle» alors que la fille aînée du roi est surnommée «Madame». Chez les premiers Capétiens, l'usage était de donner le prénom de son grand-père au fils aîné du roi et celui de son père au second fils. Ainsi, Saint Louis porte le nom de son père (Louis VIII) alors que son frère aîné, mort à 8 ans, portait celui de son grand-père, Philippe (Auguste).

Les rois se déplacent-ils dans le royaume?

A l'exception de quelques rois comme Charles V ou Louis XIV qui ne quittent que rarement leur palais, les souverains français voyagent dans le royaume pour se faire connaître, présenter le dauphin et écouter leur peuple. Les villes qui ont l'honneur d'accueillir le roi lui élèvent des statues et des monuments éphémères inspirés de l'Antiquité (arcs de triomphe). En 1564, le nouveau roi Charles IX part pour un voyage de plus de deux ans dans son royaume avec sa mère Catherine de Médicis (24 janvier 1564 - 1er mai 1566).

François Ier

QUELQUES RECORDS

DES RÈGNES PARFOIS INTERMINABLES

Le roi qui a régné le plus longtemps est Louis XIV (72 ans) puis Louis XV (59 ans), Philippe Ier (48 ans), Charlemagne (46 ans), Saint Louis (44 ans), Louis VII et Philippe Auguste (le père et le fils) qui sont restés chacun 43 ans sur le trône!
Le roi qui a régné le moins longtemps est Jean Ier, roi de France du 15 au 19 novembre 1316. Fils posthume de Louis X le Hutin, il ne vit que 5 jours!

UNE RÉSIDENCE ROYALE

Le château de Versailles possède 11 hectares de toitures, 51 210 m² de plancher, 2 153 fenêtres, 700 pièces et 67 escaliers. La décoration y est tout aussi extraordinaire puisque les visiteurs peuvent y admirer 2 100 sculptures, 6 000 peintures, 15 000 gravures et 5 000 pièces de mobilier et objets d'art.

DES COURTISANS DE PLUS EN PLUS NOMBREUX

La cour du roi est relativement modeste au Moyen Âge mais ne cesse de se développer à partir du XVe siècle. 1 000 courtisans entourent déjà Charles VIII et la Cour compte 10 000 personnes sous François Ier. Sous le règne de Louis XVI, la Cour est formée de 16 000 personnes dont l'entretien fastueux représente un dixième des dépenses du royaume.

LES DAUPHINS

Depuis Charles V qui fut le premier d'entre eux, le fils aîné du roi porte le nom de dauphin. Jusqu'en 1789, la France a compté 24 dauphins mais beaucoup n'ont pas régné. En raison des longs règnes de Louis XIV puis de Louis XV, 5 dauphins du XVIIIe siècle ne furent ainsi jamais rois! Il était aussi possible de monter sur le trône sans jamais avoir été dauphin comme Louis XII, François Ier ou Henri IV!

LA GÉNÉALOGIE DES ROIS DE FRANCE

Durant 14 siècles cinq grandes dynasties se sont relayées sur le trône de France, devant parfois faire face à l'absence de successeur. La généalogie mérovingienne est la plus compliquée car les principes de succession n'étaient pas encore clairement établis ; le fils aîné ne fut désigné comme seul héritier qu'en 817. Les Capétiens, les Valois et les Bourbons étant des lignées collatérales, ce fut donc la même famille qui régna entre 987 et 1848 !

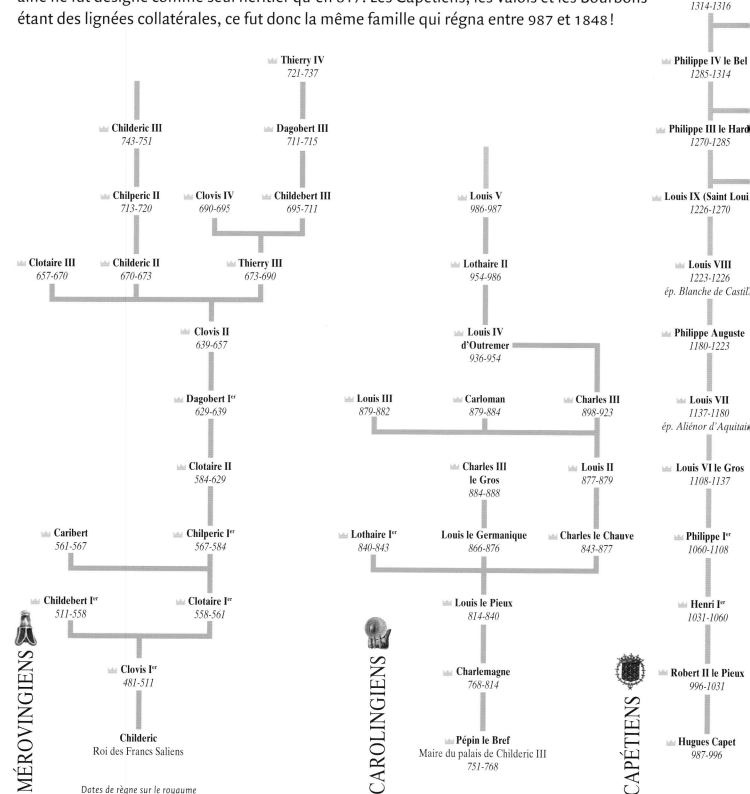

Jean Ier
1316

Louis X le Hutin
1314-1316

Philippe IV le Bel
1285-1314

Philippe III le Hard
1270-1285

Louis IX (Saint Loui
1226-1270

Louis VIII
1223-1226
ép. Blanche de Castil.

Philippe Auguste
1180-1223

Louis VII
1137-1180
ép. Aliénor d'Aquitai

Louis VI le Gros
1108-1137

Philippe Ier
1060-1108

Henri Ier
1031-1060

Robert II le Pieux
996-1031

Hugues Capet
987-996

Thierry IV
721-737

Childeric III
743-751

Dagobert III
711-715

Chilperic II
713-720

Clovis IV
690-695

Childebert III
695-711

Louis V
986-987

Clotaire III
657-670

Childeric II
670-673

Thierry III
673-690

Lothaire II
954-986

Clovis II
639-657

Louis IV d'Outremer
936-954

Dagobert I[er]
629-639

Louis III
879-882

Carloman
879-884

Charles III
898-923

Clotaire II
584-629

Charles III le Gros
884-888

Louis II
877-879

Caribert
561-567

Chilperic Ier
567-584

Lothaire Ier
840-843

Louis le Germanique
866-876

Charles le Chauve
843-877

Childebert Ier
511-558

Clotaire Ier
558-561

Louis le Pieux
814-840

Clovis Ier
481-511

Charlemagne
768-814

Childeric
Roi des Francs Saliens

Pépin le Bref
Maire du palais de Childeric III
751-768

MÉROVINGIENS

Dates de règne sur le royaume de Neustrie (Paris)

CAROLINGIENS

CAPÉTIENS

66

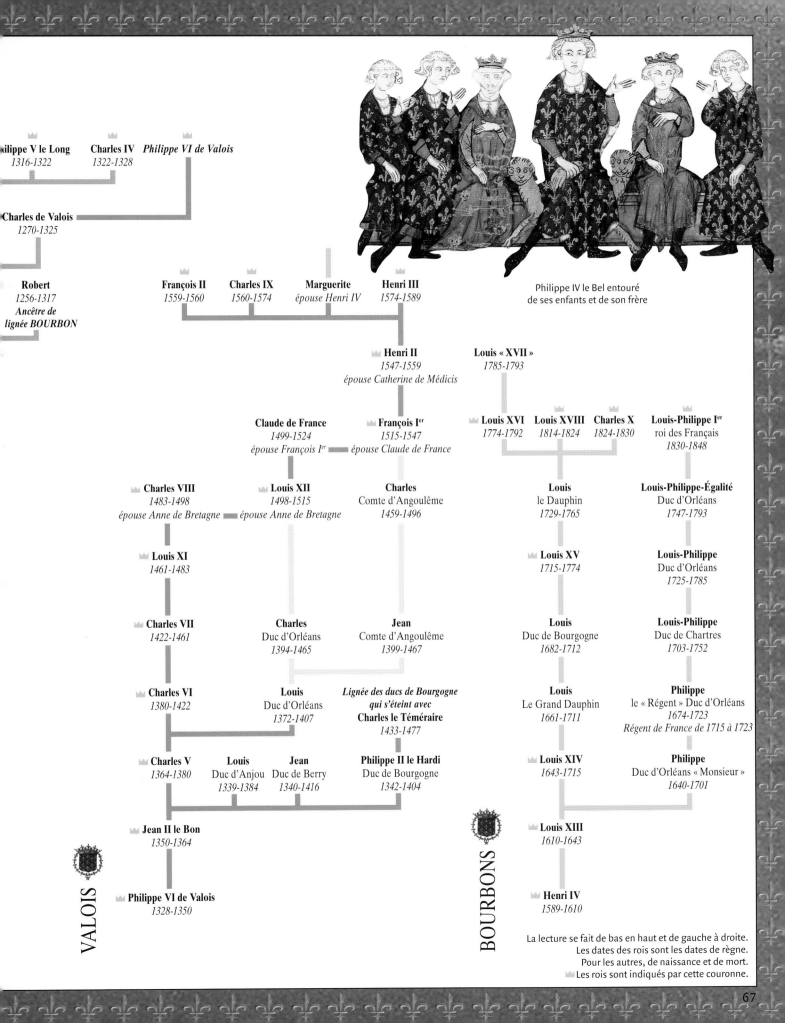

Philippe V le Long
1316-1322

Charles IV
1322-1328

Philippe VI de Valois

Charles de Valois
1270-1325

Robert
1256-1317
Ancêtre de
lignée BOURBON

François II
1559-1560

Charles IX
1560-1574

Marguerite
épouse Henri IV

Henri III
1574-1589

Philippe IV le Bel entouré
de ses enfants et de son frère

Henri II
1547-1559
épouse Catherine de Médicis

Louis « XVII »
1785-1793

Claude de France
1499-1524
épouse François Ier

François Ier
1515-1547
épouse Claude de France

Louis XVI
1774-1792

Louis XVIII
1814-1824

Charles X
1824-1830

Louis-Philippe Ier
roi des Français
1830-1848

Charles VIII
1483-1498
épouse Anne de Bretagne

Louis XII
1498-1515
épouse Anne de Bretagne

Charles
Comte d'Angoulême
1459-1496

Louis
le Dauphin
1729-1765

Louis-Philippe-Égalité
Duc d'Orléans
1747-1793

Louis XI
1461-1483

Louis XV
1715-1774

Louis-Philippe
Duc d'Orléans
1725-1785

Charles VII
1422-1461

Charles
Duc d'Orléans
1394-1465

Jean
Comte d'Angoulême
1399-1467

Louis
Duc de Bourgogne
1682-1712

Louis-Philippe
Duc de Chartres
1703-1752

Charles VI
1380-1422

Louis
Duc d'Orléans
1372-1407

Lignée des ducs de Bourgogne
qui s'éteint avec
Charles le Téméraire
1433-1477

Louis
Le Grand Dauphin
1661-1711

Philippe
le « Régent » Duc d'Orléans
1674-1723
Régent de France de 1715 à 1723

Charles V
1364-1380

Louis
Duc d'Anjou
1339-1384

Jean
Duc de Berry
1340-1416

Philippe II le Hardi
Duc de Bourgogne
1342-1404

Louis XIV
1643-1715

Philippe
Duc d'Orléans « Monsieur »
1640-1701

Jean II le Bon
1350-1364

Louis XIII
1610-1643

VALOIS

Philippe VI de Valois
1328-1350

BOURBONS

Henri IV
1589-1610

La lecture se fait de bas en haut et de gauche à droite.
Les dates des rois sont les dates de règne.
Pour les autres, de naissance et de mort.
Les rois sont indiqués par cette couronne.

POUR EN SAVOIR PLUS

À l'exception des rois et des reines des premières dynasties, la vie des souverains qui ont régné sur la France est très bien connue car les historiens disposent de nombreuses sources. La plupart de leurs magnifiques résidences sont restées intactes et permettent de découvrir les objets de leur vie quotidienne. Mais on peut aussi visiter les villes, les cathédrales ou les abbayes intimement liées à la monarchie comme Reims ou Saint-Denis. Enfin, pour tenter de cerner la personnalité d'un souverain, comprendre ses attitudes ou sa conception de la royauté, il est parfois précieux de lire son portrait ou la description de son règne rédigé par ses contemporains ou par lui-même !

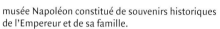

Le château de Blois

LES CHÂTEAUX ROYAUX

AMBOISE

Le château d'Amboise a été construit par Charles VIII et Louis XII. François Ier y passa sa jeunesse et les trois premières années de son règne.
A voir : le Logis du Roi où mourut Charles VIII après avoir heurté un linteau. Tél. 02 47 57 00 98

BLOIS

Résumé de l'architecture française, le château de Blois est formé d'une aile Louis XII (gothique), d'une aile François Ier (Renaissance) et d'une aile Gaston d'Orléans (architecture classique). On y trouve les appartements de Catherine de Médicis et ceux d'Henri III où fut assassiné le duc de Guise en 1588. Tél. 02 54 90 33 33

CHAMBORD

Haut lieu de la Renaissance française, le château de François Ier accueille aujourd'hui plus de 800 000 visiteurs par an qui viennent parmi mille merveilles admirer son grand escalier à la double révolution en spirale. Le château est ouvert toute l'année, sauf les 1er janvier, 1er mai et 25 décembre.
http://www.chambord.org/

CHINON

C'est dans la salle du trône du château du Milieu (XIIe-XIVe siècle) que Jeanne d'Arc reconnut en 1429 Charles VII caché au milieu de ses chevaliers. Ouverture du 2 janvier au 31 mars et du 1er octobre au 31 décembre de 9 h 30 à 17 h et d'avril à septembre de 9 h à 19 h.
Fermeture le 1er janvier et le 25 décembre
Tél. 02 47 93 13 45

FONTAINEBLEAU

De la naissance de Philippe IV le Bel à l'abdication de Napoléon Ier en passant par le mariage de Louis XV, de nombreux événements historiques se sont déroulés dans ce château de Fontainebleau plusieurs fois transformé au fil des siècles. On peut y visiter notamment la galerie François Ier que le roi faisait visiter à ses hôtes de marque tout comme le musée Napoléon constitué de souvenirs historiques de l'Empereur et de sa famille.
Ouvert tous les jours, sauf les mardis, le 1er janvier, le 1er mai et le 25 décembre.
http://www.musee-chateau-fontainebleau.fr/

Jean II le Bon

LE LOUVRE

Commandé par François Ier, le palais du Louvre a été construit sur l'ancienne forteresse de Philippe Auguste. Transformé en musée après la Révolution française, le Louvre présente de nombreuses œuvres d'art liées à la monarchie comme le plus ancien portrait d'un roi de France (Jean II), la couronne de Louis XV ou l'épée du sacre. Le musée est ouvert tous les jours, de 9 h à 18 h, sauf le mardi et certains jours fériés. Nocturnes jusqu'à 21 h 45 les mercredis et vendredis. www.louvre.fr

Le château de Chambord

Le château de Versailles

PLESSIS-LEZ-TOURS

Le château du Plessis-lez-Tours fut acheté en 1468 par Louis XI pour y bâtir sa nouvelle demeure principale. Il ne reste qu'une aile modeste de cette époque.

VINCENNES

Résidence royale du XIIe au XVIIIe siècle, le château de Vincennes a conservé son enceinte, ses tours médiévales, son donjon du XIVe siècle et sa sainte chapelle (vitraux du XVIe siècle).
Ouvert tous les jours sauf le 1er janvier, 1er mai, 1er novembre, 11 novembre et 25 décembre.

SAINT-GERMAIN-EN-LAYE

Devenu musée des Antiquités nationales depuis Napoléon III, le château de Saint-Germain abrite la chapelle de Saint Louis. C'est ici que François Ier épousa Claude de France et que fut baptisé Louis XIV.
Ouvert tous les jours, sauf le mardi, de 9h à 17h15.
Du 1er mai au 30 septembre, le samedi et le dimanche, ouverture du musée de 10h à 18h15.
http://www.musee-antiquitesnationales.fr/

VERSAILLES

Le palais de la monarchie absolue est exceptionnel par son architecture, ses somptueux décors intérieurs et son parc dessiné par Le Nôtre. Les lieux majeurs du château sont les Grands Appartements avec la Galerie des Glaces, les Petits Appartements de Louis XV, Louis XVI et Marie-Antoinette, la chapelle et l'opéra royal. Il est aussi intéressant de visiter dans le parc le Grand Trianon où Louis XIV venait se reposer, et le Petit Trianon, séjour favori de Marie-Antoinette, ainsi que le musée des Carrosses installé dans la Grande Ecurie.
Ouvert du mardi au dimanche, sauf certains jours fériés.
26 mars - 31 octobre : 9h-18h30
1er novembre- 31 mars : 9h-17h30
http://www.chateauversailles.fr/

DES LIEUX À VISITER

REIMS

On peut y visiter la cathédrale, lieu traditionnel du sacre, la basilique Saint-Remi et le palais du Tau où sont conservés l'immense manteau et des objets de culte ayant servi au sacre de Charles X.

LA BASILIQUE DE SAINT-DENIS

La basilique est la nécropole des rois de France. Elle contient des tombes, des bijoux et des objets des dynasties mérovingiennes ainsi que la majorité des gisants des rois de France, de Dagobert à Louis XVIII qui fut le dernier roi à y être inhumé. L'abbaye est ouverte tous les jours sauf le 1er janvier, 1er mai et 25 décembre.

AIX-LA-CHAPELLE

Il ne reste plus du palais de Charlemagne que la chapelle palatine qui est aujourd'hui incluse dans la cathédrale. On peut y découvrir le trône dit de Charlemagne et le trésor qui abrite des reliques de l'empereur.

AIGUES-MORTES

Saint Louis voulut faire de cette cité fortifiée le grand port français sur la Méditerranée. Les remparts colossaux ont été construits par Philippe le Hardi, fils du roi croisé.

L'ABBAYE DE FONTEVRAUD

Henri II d'Angleterre, Aliénor d'Aquitaine, Richard Cœur de Lion et Isabelle d'Angoulême, veuve de Jean sans Terre, sont enterrés à Fontevraud. Leurs gisants polychromes rappellent la relation étroite de la dynastie des Plantagenêts avec Fontevraud. L'abbaye est ouverte toute l'année, sauf le 1er janvier, 1er novembre, 11 novembre et 25 décembre.
http://www.abbaye-fontevraud.com/

BOURGES

Voir le palais gothique de Jacques Cœur construit en 1443-1445 par le grand argentier de Charles VII et la préfecture qui englobe quelques restes du palais ducal où naquit Louis XI.

LOCHES

Habité par Charles VII, Louis XI, Charles VIII et Louis XII, le donjon fortifié du château de Loches est réputé pour ses sinistres cachots creusés dans le roc et ses répliques des fillettes de Louis XI. Le gisant d'Agnès Sorel est aujourd'hui visible dans la collégiale Saint-Ours.

PAU

Transformé sous Louis-Philippe et Napoléon III, le château abrite de nombreuses représentations d'Henri IV ainsi que le berceau fait d'une carapace de tortue du premier des Bourbons.
Le Musée national du château de Pau est ouvert au public tous les jours de la semaine sauf le 1er janvier, 1er mai et 25 décembre.
www.musee-chateau-pau.fr

DREUX

Edifiée à partir de 1816, la chapelle royale est la nécropole des membres de la famille de Louis Philippe et de ses descendants.

QUELQUES SOURCES ÉCRITES

La Vie de Charlemagne d'Eginhard est une biographie de l'empereur écrite vers 830 (Editions Belles Lettres).

L'Histoire des Francs de Grégoire de Tours est un témoignage irremplaçable sur les rois mérovingiens (Editions Paleo).

La Vie de Saint Louis par Jean de Joinville, rédigée entre 1305 et 1309, raconte en particulier les épisodes de la première croisade de Louis IX à laquelle l'auteur a participé (Editions LGF, livre de poche).

Dans ses Mémoires, Philippe de Commynes (1447-1511) relate les vies de Louis XI et de Charles VII (Folio, Gallimard).

Le duc de Saint-Simon (1675-1755) offre de beaux portraits du roi et de sa cour dans ses Mémoires sur le règne de Louis XIV (Folio, Gallimard).

De 1661 à 1666, le Roi-Soleil rédige en personne ses Mémoires pour servir à l'instruction du dauphin dans lesquelles il explique sa vision de la monarchie absolue française mais aussi ses décisions en matière de politique intérieure, de guerre ou de diplomatie.

QUELQUES SITES INTERNET

• http://www.chateauversailles.fr/
Très clair et très riche en documentation et en animation, ce site est une parfaite introduction à la visite du château et offre une très bonne présentation des grands personnages qui l'ont habité.
• http://www.jeanjacques.villemag.free.fr/
Une généalogie très claire et complète des rois de France est présentée sur ce site. On peut même y trouver une généalogie des grandes dynasties européennes.
• http://www.roi-president.com/
Ce site retrace toute l'histoire de France. Il est intéressant de consulter les biographies et les galeries photos.
• http://www.histoire-en-ligne.com/
Les articles sur Louis XIV, Louis XV, Marie-Antoinette... sont très bien faits. On y trouve également des biographies, des lieux à visiter.

GLOSSAIRE

ABDICATION Fait de renoncer à la couronne comme le firent, sous la pression populaire, Charles X et Louis-Philippe.

ADOUBEMENT Cérémonie du rite d'admission à la chevalerie. L'une des étapes majeures de l'adoubement est la remise de ses armes au nouveau chevalier.

APANAGE Territoire donné en France aux fils des rois capétiens à l'exception du dauphin qui hérite du royaume. À partir de 1367, l'apanage est rétrocédé au roi en l'absence d'héritier mâle.

ASTROLOGIE Prévision du destin par l'étude des astres.

AUSTRASIE Royaume franc formé essentiellement des régions du Rhin et de la Moselle et dont les capitales sont Reims, Cologne et Metz.

BAILLI A partir du XIIe siècle, officier itinérant du roi puis représentant local du souverain chargé de l'ordre public, de la justice et des impôts.

BURGONDIE Royaume fondé au Ve siècle en Gaule par les Burgondes, peuple germanique de la Baltique chassé par les Huns. Comprise entre le Rhône et les Alpes, la Burgondie a laissé la place à la Bourgogne.

CAPITULAIRES Actes législatifs, réglementaires ou administratifs des souverains carolingiens promulgués à voix haute lors des assemblées réunissant les Grands du royaume. Ces derniers acclamaient le souverain pour montrer leur accord.

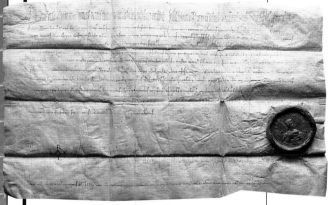

Capitulaire carolingien

CAROLINE Ecriture minuscule, facile à tracer et à lire, apparue à la fin du VIIIe siècle.

CHANCELIER Responsable du secrétariat du souverain, il contrôle la rédaction des actes royaux.

CHEVALIER Soldat à cheval qui guerroie pour un seigneur ou pour son propre compte. A partir du XIIe siècle, la chevalerie se confond parfois avec une élite, voire avec la noblesse.

CHRONIQUES Recueil d'événements historiques du Moyen Age, les chroniques sont parfois illustrées d'enluminures.

CONNÉTABLE Officier chargé des chevaux sous les Carolingiens, le connétable devient plus tard le conseiller militaire du roi et parfois le chef des armées. L'insigne du connétable est une épée qui lui est remise lors d'une cérémonie par le souverain.

Du Guesclin est fait connétable.

COURTOIS Etre courtois signifie montrer des valeurs de courage chevaleresque mais aussi être élégant et raffiné, notamment vis-à-vis des dames.

CROISADE Mot créé au XIIIe siècle pour désigner une expédition militaire lancée contre les musulmans pour délivrer les lieux saints. Les soldats qui y participaient portaient une croix sur leur vêtement et furent pour cette raison surnommés «croisés». Dix croisades se sont succédé de la fin du XIe à la fin du XIIIe siècle.

DAUPHIN Titre donné depuis 1349 au fils aîné du souverain régnant, qui était censé lui succéder sur le trône.

DYNASTIE Succession de souverains d'une même famille.

ÉCU Bouclier puis monnaie d'or sur laquelle se trouve un bouclier. Le premier a été émis en 1266 par Saint Louis.

ÉTATS GÉNÉRAUX Assemblées convoquées par le roi de France pour prendre conseil auprès de son peuple ou lui imposer une décision. Les premiers états généraux formés des représentants du clergé, de la noblesse et du tiers état ont été réunis par Philippe le Bel en 1302 et les derniers par Louis XVI en 1789.

ÉTIQUETTE Ordre de préséance, cérémonial et usages à la cour du roi de France.

FÉODALITÉ Système politique, économique et social qui organise la société médiévale et repose sur un réseau de liens entre les seigneurs, leurs vassaux et les paysans.

FILLETTES Cages de bois bardées de fer dans lesquelles Louis XI enfermait certains prisonniers.

GISANT Sculpture représentant les défunts allongés, placée sur leur tombe.

JACQUERIE Révolte des paysans au printemps 1358 puis, par extension, toutes les émeutes paysannes.

JANSÉNISME Vision austère et sévère du catholicisme apparue au XVIIe siècle, ce mouvement fut condamné par Louis XIV qui y voyait une contestation de son pouvoir.

JOUTE Duel entre deux chevaliers combattant face à face et armés de lance afin de renverser l'adversaire.

LOI SALIQUE Ensemble des lois des Francs rédigé à l'époque de Clovis puis plusieurs fois remanié à l'époque carolingienne. L'un de ses articles a été abusivement utilisé pour justifier l'éviction des femmes de la succession du trône de France.

MAIRE DU PALAIS Sous les Mérovingiens, officier de la maison royale jouant le rôle de Premier ministre. De plus en plus puissants, les maires du palais vont se substituer au roi et donner naissance à la dynastie carolingienne.

MÉDICIS Famille de banquiers et de marchands de Florence dont deux reines de France sont issues: Catherine de Médicis (1519-1589), qui épousa Henri II, et Marie de Médicis (1573-1642), la femme d'Henri IV.

MISSI DOMINICI Les «envoyés du maître» étaient les agents nommés par Charlemagne pour inspecter les représentants locaux de l'empereur.

Catherine de Médicis

MONARCHIE Régime politique dirigé par un roi. Dans une monarchie absolue, comme au temps de Louis XIV, le pouvoir du roi est illimité et sans contrôle. Dans une monarchie constitutionnelle, le roi doit respecter la Constitution qui lui est imposée par son peuple (cas des rois Louis XVIII ou Charles X par exemple).

Mousquetaires

MOUSQUETAIRE Cavalier armé d'un mousquet formant les troupes de la maison du roi (XVIIᵉ - XVIIIᵉ siècle).

NEUSTRIE Royaume mérovingien situé à l'est de la Gaule.

NOBLESSE Sous l'Ancien Régime, classe dominante possédant des privilèges et un statut propre et ayant le droit de les transmettre à ses descendants.

ORDONNANCE Acte émis par la chancellerie du souverain pour organiser le domaine royal puis le royaume.

ORDRE DE CHEVALERIE Organisations de moines-soldats créées au XIIᵉ siècle pour protéger les pèlerins ou soigner les plus miséreux en Terre sainte (ordre Teutonique, ordre du Temple). Plus tard, l'appartenance à un ordre récompense la fidélité d'un vassal à un prince ou à un roi comme la Toison d'or fondée par le duc de Bourgogne, Philippe le Bon (1430), ou l'ordre de Saint-Michel créé par Louis XI (1469).

Ostensoir

OSTENSOIR Objet liturgique généralement en forme de soleil ou de couronne servant à présenter aux fidèles l'hostie consacrée.

PAIRS Grands personnages laïcs (nobles) ou ecclésiastiques (évêques ou abbés) du royaume.

PLAIDS Assemblées politiques ou judiciaires des Francs.

PLANTAGENÊTS Dynastie qui régna sur l'Angleterre de 1154 à 1485. Ses représentants les plus célèbres sont Henri II et ses fils Richard Cœur de Lion et Jean sans Terre.

Gisants des Plantagenêts à Fontevraud

PRAGUERIE Révolte des princes contre Charles VII appelée ainsi en raison de troubles contemporains survenus en Bohême. Cette coalition réunissait en 1440 les ducs de Bourbon, de Bretagne et d'Alençon, le comte d'Armagnac et le dauphin Louis (futur Louis XI).

PRIMOGÉNITURE Situation qui donne à l'aîné des enfants mâles des privilèges, en particulier en matière de succession. Ce système permet de conserver l'unité d'un royaume ou d'un fief en dédommageant les autres enfants.

RÉGENT Personne qui assume le gouvernement pendant la minorité du roi ou son absence du royaume.

RENAISSANCE Née en Italie à la fin du XIVᵉ siècle, la Renaissance est un mouvement artistique et culturel basé sur la redécouverte de l'art antique.

SUZERAIN Terme apparu au XIVᵉ siècle qui désigne le seigneur ayant concédé une terre à un vassal.

TIERS ÉTAT Formé par les paysans, les artisans et les bourgeois, le tiers état est un ordre, une partie de la société française, qui regroupait plus de 95 % de la population sous l'Ancien Régime. Les deux autres ordres étaient la noblesse et le clergé.

TOUCHER DES ÉCROUELLES Après le sacre, le roi de France était supposé avoir le pouvoir divin de guérir les malades qui souffraient des écrouelles, une maladie s'apparentant à la tuberculose. La guérison des écrouelles par le «toucher» du roi est apparue en France avec Philippe Iᵉʳ (1060-1108) et se maintint jusqu'au sacre de Charles X (1825).

TOURNOI Exercice militaire (combat entre deux troupes de soldats) jusqu'au XIIIᵉ siècle puis divertissement opposant deux champions.

TROUBADOUR (dans le Sud) ou **TROUVÈRE** (dans le Nord) Du XIIᵉ au XIIIᵉ siècle, poète qui écrit et chante ses propres textes.

ULTRAS Partisans d'une monarchie autoritaire après la Restauration.

INDEX

ICONOGRAPHIE

h = haut, b = bas, m = milieu,
g = gauche, d = droite

Couverture: 1er plat : Josse ; Dos : RMN/
Chuzeville h et b, RMN/D. Arnaudet c ;
4e plat : J. Raible b, BNF hd, RMN/
D. Arnaudet cd, RMN c et bd.
Pages d'ouverture : Arch. Gallimard-
Jeunesse: 4cg. BNF: 3h, 4hg, 4bd, Bibl.
Ste Geneviève, Paris: 5. Bridgeman-
Giraudon: 2bg, 4cd, RMN © D. Arnaudet
1, 2hc, 3b; G. Blot. 2bg; Bulloz 4hd, 4bg;
Chuzeville 2 bc; R.-G. Ojéda 2hd; P. Willi
2c, 4bc.
Pages intérieures : Signets: Arch.
Gallimard-Jeunesse : 3, 6, 8, 10, 12.
BNF : 20, 22, 24, 26, 28, 30, 32, 34, 36,
38, 44, 46, 48, 52, 54, 58, 60, 62.
Bridgeman-Giraudon: 42. G. Dagli Orti:
40, 50. RMN : © J.-G. Berizzi. 14, 16, 18,
© G. Blot 56. AKG: 13 h, 14 c, 15 h, 16 c,
16 b, 22 c, 39 bd, 47 bd, 54 h, 59 b, 64
col. 1 b;
E. Lessing 24 bg, 39 hd, 57 hd, 63 bg,
68 col. 1 b; J. Raible P. 26 d. Arch.
Gallimard-Jeunesse : 12 h, 30 b, 53 bd,
61 b. Arch. Photo, Paris © CMN. 58 h.
Bibliothèque Sainte-Geneviève, Paris:
12 h. BNF: 6 h, 6 cg, 6 bg, 7 bg, 9 bd,
11 hg, 11 bd, 14 g, 15 bg, 16 h, 18 g, 19
hg, 19 bg, 21 hd, 22 hd, 23 cg, 24 bd,
25 d, 26 bg, 27 hg, 27 cg, 27 cd, 28 h,
28 c, 28 bg, 29 c, 29 b, 30-31, 31 c, 32 b,
33 c, 34 g, 34 d, 35 c, 36 h, 36 c, 38 c,
38 bg, 39 c, 40 h, 41 hg, 45 cg, 45 bc,
55 cd, 56 h, 58 b, 59 hg. Bridgeman-
Giraudon 8 b, 9 c, 10 h, 12 c, 13 b, 14 bd,
23 h, 23 bg, 24 cg, 31 bg, 33 hd, 37 c,
41 hd, 43 b, 44 d, 44 d, 55 h, 58 g, 59
hd, 60 h, 63 hg, 68 col. 2, 69 col. 2-3,
69 col. 3. CARAN 24 h. CORBIS : Sandro
Vannini 23 bd, Dagli Orti: 17 bd, 22 h,
25 hg, 27 b, 28 bd, 35 hg, 37 hd, 41 h,
43 hd, 45 bd, 47 cd, 49 hd, 49 b, 54 bd,
66 h, 66 b. Delémont, musée jurassien
d'Art et d'Histoire-Bernard Migy 9 bg.
Dorling Kindersley. Geoff Dann 35 b.
© Gallimard Loisirs: Philippe Biard 45,
E.Guillemot : 39. Josse : 46 bg, Musée
de l'armée, Paris 37 hg; Oronoz 26 g;
Rapho Gérard Siöen 29 h; T. Spiegel
19 bd. RMN: 8-9, 18 d, 20 b, 25 c, 31 h,
43 c, 48 b, 50 hd, 52 cg, 53 h, 62 d,
D. Arnaudet 17 c, 49 cg, 52 h, 53 c, 56
cg; D.Arnaudet/G. Blot 59 c, 68 col. 3;
D. Arnaudet/H. Lewandowski 56 b.
D.Arnaudet/J. Schormans 11 hd, 50 hg,
62 b, 64 col 3; M. Bellot: 49 cc, 69 col.
1h; J. G. Berizzi 8 c, 14 bg, 17 hd, 21 hg,
33 hg, 40 b, 55 bd, 61h, 61c g, 66 c ;
Ph. Bernard 7 hd, 64 col. 1 h; G. Blot
10 b, 11 bg, 14-15, 16-17, 17 hg, 21 cd,
35 hd, 39 hg, 40 c, 41 g, 44 g, 50 cg,
50 cd, 50 bg, 51 c, 52 bg, 54 bg, 58 hg,
55 cg, 60-61, 64 col. 2h, 65 h, 68 col. 3;
G. Blot/Ch. Jean 45 cd, 48 h; H. Bréjat
43 hg, 47 cg; Bulloz 12-13, 21b, 32 c,
37 b, 46 bd, 47 hd, 51 hd, 52 b, 55 bg,
61 cd, 63 hd; Chuzeville 7 c ; Ch. Jean
51 b; Th. Le Mage 48 cg; H. Lewandowski
32-33, 36 b, 47 hg, 56-57, 63 c; R.-G.
Ojéda 33 b, 38 hg, 45 bg, 46 h, 60 b,
62 g, 65 b; R.-G. Ojéda/Th. Le Mage
47 bg; J. Quecq d'Henripret 42 d;
F. Raux 29 g, 39 hg, 51 hg, 64 col. 2h,
67; P. Willi 6-7 b, 7 bg. Roger-Viollet:
58-59.Scala, Firenze : 31 bd,
Stiftsbibliothek Sankt Gallen: 15 bd.
Universiteit Leyden: 17 bg.
Nous nous sommes efforcés de
retrouver les propriétaires des
copyrights. Nous nous excusons pour
tout oubli involontaire. Nous
effectuerons toute modification
éventuelle dans nos prochaines
éditions.

Responsable éditorial: Thomas Dartige
Édition: Anne-Flore Durand et Eric
Pierrat ; Directrice artistique: Elisabeth
Cohat ; Maquette: Didier Gatepaille ;
Maquette de couverture: Marguerite
Courtieu ; Fabrication: Christophe de
Mullenheim ; Iconographie: Christine de
Coninck ; Cartographie et infographie:
Paul Coulbois ; Correction : Lorène
Bucher et Isabelle Haffen ; Maquette de
couverture : Marguerite Courtieu ; PAO :
Olivier Brunot ; Correction : Sylvette
Tollard et Eliane Rizo ; Suivi éditorial :
Eric Pierrat et Françoise Laurent ; Pdf :
Scan+ ; Site Internet associé : Bénédicte
Nambotin, Ariane Michalaux, Eric
Duport.